Claus Stephani

»War einer Hersch, Fuhrmann«

Claus Stephani

»War einer Hersch, Fuhrmann«

Leben und Leiden der Juden von Oberwischau
Erinnerungsgespräche

CIP-Titelaufnahme der Deutschen Bibliothek:

Stephani, Claus:
»War einer Hersch, Fuhrmann« / Claus Stephani. -
Frankfurt am Main : Hain, 1991
ISBN 3-445-08562-5

Umschlaggestaltung nach Entwürfen von
Rambow, Rambow, van de Sand
Satz: ARS LITTERAE, PETER & PARTNER, Höchberg
Herstellung: Poeschel & Schulz-Schomburgk, Eschwege
Printed in Germany
ISBN 3-445-08562-5

Inhalt

Vorbemerkung

Wie müßte eine Vorbemerkung geschrieben sein, um den deutschen Leser in die farbige, vernichtete, versunkene, verlorene Welt der Ostjuden einzuführen?

Je länger ich über diese Frage nachdenke, um so schwerer scheint es mir, sie zu beantworten. Es wäre leichter festzustellen, wie man eine Einführung in die Welt des Schtetls heute nicht mehr schreiben sollte, und da müßte ich auch gleich bemerken, daß abgegriffene Attribute, wie vernichtet, verloren, versunken, die auch ich zuvor unbedacht verwendet habe, das nicht aussagen können, was mich beim Rückblick in die Vergangenheit bewegt. Auch Völkermord ist eigentlich nur ein Wort, das an Gewicht verloren hat, weil es von den Menschen so häufig benutzt wurde, und unsere ganze gebildete, geschliffene, ausgewogene und ausdrucksvolle, unsere ergreifende und effektvolle Sprache reicht letzten Endes nicht aus, das zu beschreiben – im einzelnen und nicht im großen –, was vor einigen Jahrzehnten zum Alltag gehört hat: das Schicksal der kleinen Leute, der Mord am unbekannten und ungenannten Individuum, hier in einem vergessenen Marktflecken Marmatiens, der Mord gewissermaßen en détail und nicht wie sonst en masse, der Mord an einem Kind, an der Schwester, am Bruder, an kleinen gewöhnlichen Leuten, deren Schreie nie gehört wurden, und von deren einstiger Existenz heute niemand mehr spricht und niemand mehr Bescheid weiß.

Wenn wir aber nun den Versuch unternehmen, auf jene zu zeigen, die vernichtet, verloren und versunken sind – man wird die Klischees so leicht nicht los, aber vielleicht sind sie dann, als solche entlarvt, wieder wirksam, fast hätte ich gesagt publikumswirksam –, wenn wir einige Namen nennen, an Begebenheiten erinnern, an Demütigungen, an Schicksale, an das Verbrechen, das – arme deutsche Sprache – auch lexikalische Spuren hinterlassen hat, wer würde dem ein wenig Gehör schenken, wer würde für einen Augenblick von einer interessanteren Lektüre lassen, vielleicht gar die Fernsehsendung oder die Videovorführung unterbrechen? Darauf zu antworten, fehlt mir tatsächlich der Mut.

Die Deutschen sind ein diszipliniertes Volk; diese gute oder ungute Eigenschaft haben sie aus den Trümmern ihrer jüngsten Geschichte herübergerettet – seltsam: die Klagewörter vernichtet, verloren, versunken ließen sich hier nicht verwenden –; und weil sie solche terminbewußte Ordnungsmenschen sind, gedenken sie auch pünktlich und aufwendig der Verbrechen ihrer mißratenen Volksgenossen, ich meine dessen, was immer deutsche Unmenschen von der Kristallnacht bis zum Kriegsende auf ihr Gewissen – wieder so ein Sprachklischee – geladen haben. Ich habe den leisen Verdacht – vielleicht sollte man sagen: die Vermutung oder, besser, die Überzeugung, doch Überzeugung geht auch nicht –, jedenfalls fürchte ich, daß die Pflichtgedenkstunden in den Medien in den Wind gesprochen sind, oder daß die bildlichen Darstellungen dermaßen von Wehmut – gutes deutsches Wort – triefen, daß sie schon auf niemanden mehr wirken.

Über die Welt der Ostjuden wurde in den letzten Jahrzehnten viel geschrieben, Nostalgie wurde behutsam vermarktet, gute und weniger gute Studien, Betrachtungen, Sachbücher und Bildbände sind erschienen, Erinnerungen wurden aufgezeichnet, verklärte, geschönte Bilder einer versunkenen Welt, um die man ewig trauern muß und deren Vernichtung nicht und nie gesühnt werden kann; doch manch eine Darstellung, philosemitisch und hochjublerisch, ist schlimmer als ein bösartiger antisemitischer Angriff, weil man sich gegen diesen wehren kann, aber Schmeicheleien gegenüber ist man meistens machtlos. Die Ostjuden sollte man so lieben, wie sie waren, mit ihren menschlichen Schwächen, ihrer Güte und Armut, denn jede Überschätzung – auch die der Tradition und Kultur des engen Schtetls – ist eine gefährliche Sache, sie nützt niemandem, und letzten Endes schadet sie sogar.

In Oberwischau, Vişeu des Sus, einem ehemaligen Marktflecken im Osten Marmatiens, in den stillen Tälern der rumänischen Waldkarpaten, lebten bis zum Jahr 1942 etwa 5 000 Juden, ungefähr ebensoviele Deutsche, genannt Zipser Sachsen, ferner etwa 3 000 Rumänen und Ruthenen. Die Juden wohnten in ihrem Schtetl im Wassertal, neben der Zipserreih' und Taitschen Reih', die Rumänen jedoch siedelten hauptsächlich in den Dörfern entlang des Wischauflusses und die Ruthenen in einigen Weilern oben in

den Bergen. Nicht nur von außen betrachtet vermittelte die kleine heile Welt ein Bild von Eintracht und Frieden, sondern je mehr man sich heute um einen retrospektiven Einblick in die Lebensweise der Menschen bemüht, um so deutlicher empfindet man, daß hier etwas brutal vernichtet wurde, was in dieser Form nie mehr möglich sein wird. *Aber heint, der Frieden, wu ist der blieben?* fragt Moses Pollak, einer der vier letzten Juden, und antwortet resigniert: *Ich weiß es nicht.*

Freilich, man könnte auch sagen: Wen interessiert heute noch das Oberwischauer Schtetl, wer fragt nach dem Schicksal der kleinen Tilli, die sich aus Scham und Verzweiflung erhängt hat, oder nach der Reisele, die mit ihrer Mutter ahnungslos in den Tod gegangen ist, was zählen die unbedeutenden Namen jüdischer Handwerker, Arbeiter oder Händler im „großen Weltgeschehen", wenn man von Millionen ermordeter Menschen spricht? Nun, darauf möchte ich nach ostjüdischer Art mit einer Gegenfrage antworten: Was ist das für eine Welt, die nur das „große Geschehen" und nicht auch das Leid des Einzelnen zur Kenntnis nimmt? Dabei muß ich mich unwillkürlich an einen Brief erinnern, den ich vor einigen Jahren ausgerechnet vom Vertreter eines Koordinierungsrates für christlich-jüdische Zusammenarbeit erhalten habe; mir wurde mitgeteilt, daß in Deutschland niemand mehr Interesse an der ostjüdischen Vergangenheit habe – es ging um eine Sammlung jüdischer Hirtengeschichten – und schon gar nicht an Einzelschicksalen, und ich solle doch meine Forschungen anders ausrichten. Der gute Christ hat freilich nicht geahnt, wie sehr mich seine abweisenden Worte – ich legte sie damals zusammen mit meiner Antwort auch dem Bukarester Oberrabiner vor – ermutigt haben, weiterzuarbeiten. Wenn das tatsächlich niemanden mehr interessiert, dachte ich, ist wohl wieder der Moment gekommen, um noch einmal darauf hinzuweisen.

Nachdem es aber in Oberwischau nur noch vier Juden gibt*, begann ich mit den heute hier noch lebenden deutschen Einwohnern über ihre ehemaligen jüdischen Nach-

* Baila Rosenberg-Friedmann (Hausfrau), Mendel Friedmann (Schafhirte), Moses Pollak (Schneidermeister), Andrasch Glück (Beamter).

barn, Bekannten und Freunde zu sprechen. So entstand eine Folge narrativer Interviews, wobei ich bemüht war, von Gewährspersonen unterschiedlicher Berufs- und Altersgruppen möglichst genaues Detailwissen zu erfragen. Diese Gespräche, die auf Tonband aufgezeichnet wurden, erscheinen nun hier in leicht gekürzter, doch sonst unbearbeiteter Form; dabei wurden auch alle Eigenschaften des mundartlich gefärbten Idioms, das unbewußte Hinübergleiten des einen Erzählers, Moses Pollak, ins Jiddische, sowie sprachliche Inkonsequenzen beibehalten, um zu dokumentieren, wie die Menschen in diesem Winkel Marmatiens deutsch gesprochen haben; ihre Art zu denken, zu erzählen, Begebenheiten zu deuten und zu kommentieren, wird damit belegt.

Ein deutscher Kollege, ein Germanist, meinte einmal: *Mein Gott, was ist das für eine komische Sprache, die diese Menschen sprechen?!* Ich antwortete darauf, daß sie ebenso *komisch* ist wie etwa Bayerisch oder Ostfriesisch, Schwäbisch oder Hessisch – Idiome, die er seltsamerweise gar nicht *komisch* fand –, und ich erzählte ihm auch von einer Abteilungsleiterin eines großen Kaufhauses in München, einer Frau, die während ihres Urlaubs Kulturstätten in Spanien und Griechenland besichtigt, wovon ich selbst nur träumen kann; sie hat mir den Satz serviert: *Wenns mit die Frau Huber sprechen mechten, gehns da aufi!* Vielleicht hat jedes Volk *die* komischen Menschen, die es verdient, und diese komischen Menschen haben dann wiederum ihre entsprechend komische Sprache. Nun, das Thema ist so ernst, daß man nicht ernst bleiben kann. Am Ende des Buches findet sich übrigens ein Glossar, wo die im Text durch Kursivschrift gekennzeichneten Wörter sowie die rumänischen und ungarischen Zitate erklärt werden.

Ja, die Menschen, die hier zu Wort kommen, sprechen tatsächlich kein „schönes" Deutsch, aber sie haben etwas zu sagen, was trotzdem nicht überhört werden kann, und – unter uns – ist vielleicht die Sprache jener Phrasendrescher, die zu verschiedenen Anlässen Gedenkreden halten, „schöner", nur weil sie aus grammatisch und stilistisch korrekten Sätzen besteht? Nun, die Gewährsleute in diesem Buch sprechen Wischaudeutsch, was weder ein verhunztes Österreichisch noch ein sogenanntes Kucheldeutsch und schon gar nicht eine Art Jiddisch ist; diese letztgenannte Sprache voll Klang, Humor und Geist ist vernichtet, verloren und versunken, und nicht einmal die vier Oberwischauer Juden sprechen sie mehr, denn sie bedienen sich heute meist eines zipserisch-jiddischen Mischidioms. Daß der deutschen Sprache jedoch auch heute noch, sogar in diesem vergessenen Winkel Nordrumäniens, etwas anhaftet, was nicht so leicht weggemacht werden kann, zeigt Moses Pollak in seinem Vergleich: Er meint beim Klang deutscher Laute ein Gewehr zu hören, das auf ihn schießt, das Zipserische hingegen erinnert ihn an Oberwischau, die Kindheit und an eine alte vertraute Melodie.

Dieses Wischaudeutsch aber, Idiom einer vergessenen östlichen Sprachinsel, wird eines Tages, wie das Jiddische, nur noch aufgrund dieser und anderer Aufzeichnungen nachsprechbar sein, denn schließlich wird es auch in den Wäldern Marmatiens einmal die letzten Ostdeutschen geben, und dann dürfte das eintreffen, wovon ein Gewährsmann, Adolf Zirbus, erzählt. Einmal wartete er mit seinem Sohn in Salwa, einem kleinen nordsiebenbürgischen Bahnhof, auf den Verbindungszug nach Oberwischau. Auf einer Bank in der Nähe saß ein Mann mit schwarzem Hut, schwarzem Mantel, gelocktem Haar und Bart und las in einem Buch. Zirbus sagte zu seinem Sohn, er solle *langsam vorbeigehn und sich den anschaun, denn das ist ein echter Jud, so einen sieht man nicht mehr.*

Oberwischau / Am Judenbergl, im Juni 1989 — C. S.

Eine so große Angst wie vor dem Teufel

(Paul Lahner)

Bis zum Jahr '42 lebten in Oberwischau sehr viele Juden – etwa fünftausend; und Deutsche, Zipser Sachsen, gab es damals auch fünftausend. Rumänen und Ruthenen hingegen waren nur etwa dreitausend. Zusammen waren das rund dreizehntausend Einwohner. Auf der Straße hörte man hauptsächlich Deutsch, also Zipserisch, und Jiddisch. Die Rumänen wohnten nicht in der Gemeinde, im Zentrum, ihre Häuser standen weiter oben im Wischautal, in Richtung Borscha. Vor Kriegsende gab es übrigens auch viele Deutsche in Pfefferfeld – etwa zweitausend, na ja, in jedem Ort gab es ein paar deutsche Familien, mehr dann wieder in Sigeth...

– In den rumänischen Dörfern gab es aber auch viele Juden?

Ja, Moisei – wir sagten Mosesdorf, Mozsesfalva –, da waren mehr Juden wie Rumänen, in Konyhau, Joodt, in allen Gemeinden im Isatal, dann drüben, in den ruthenischen Dörfern, Rosalien, Russenau oder Reußenau, überall gab es starke jüdische Gemeinden, auch in Borscha, in Pfefferfeld waren viele Juden, besonders aber in Borscha, in der Hauptstraße wohnten nur Juden...

– Wie war das Verhältnis zwischen Juden und Deutschen in Oberwischau?

Gut, das heißt ganz normal. Man hat nie darüber nachgedacht, daß der andere ist ein Jud; das war kein Gesprächsthema, was der andere ist, wichtig war, daß man sich mit ihm gut verkommt, und das war in diesem Fall so: die Zipser haben untereinander viel mehr Streit gehabt und auch Schlägerein wie mit den Juden, denn mit den Juden gab es nie eine Schlägerei und einen ernsten Streit auch nicht, weil der Jude friedfertiger ist als unsere guten Leut.

– Sind die Zipser streitsüchtig?

Und wie! Wenn sie ein Gläschen mehr getrunken haben, dann geht es schon los...

– Und die Juden, sagten Sie, waren nicht streitsüchtig?

Die Juden nicht, die haben immer Konflikte vermieden, jedenfalls mit den Deutschen oder mit anderen Nationalitäten hier im Tal. Auch wenn er dadurch einen Verlust hatte, der Jud hat sich nicht gestritten, das weiß man. Er wollte nicht auffallen, denn bei Streitigkeiten hätte es leicht zu Tätlichkeiten kommen können, zu Ausschreitungen, zu Pogromen... Sie wissen ja, wie sowas beginnt: von einem kleinen Konflikt. Und das haben die Juden immer vermieden, deshalb haben wir auch immer in guter Nachbarschaft mit ihnen gelebt.

– Wenn nun ein Jude einem Zipser Holzfäller gegenüber im Recht war, so zog er einfach des lieben Friedens willen den kürzeren?

So ist es. Ich kenne eine Reihe solcher Fälle: der Jud zog den kürzeren, einfach weil er keinen Konflikt haben wollte. Unter uns gesagt, es ging ja dabei nicht um weiß ich was für große Dinge, sondern um Kleinigkeiten: eine nicht bezahlte Zeche, eine kleine Schuld, ein Paar Stiefel, die der Käufer mit Gewalt herunterhandeln wollte, solche Sachen waren das.

– Ja, aber man sagt ja immer, die Juden seien sehr gute Geschäftsleute gewesen, und sie hätten auch jedesmal ihre Schuld pünktlich eingetrieben.

Stimmt und stimmt nicht. Natürlich waren sie gute Geschäftsleute, denn der ganze Handel hier im Wischauer Tal war in ihren Händen, und ich muß sagen, das war gut so, denn bis dahin hatte man ja in dieser abgelegenen Gegend überhaupt nichts kaufen können, die Menschen lebten ja hier wie hinter dem Mond, es gab ja auch keine Verbindung hinüber nach Siebenbürgen, und bis zur nächsten Stadt, Sigeth, ist es sehr weit. Die Juden haben aber in ihren *Gewelbern* sehr viele schöne und gute Waren nach Oberwischau gebracht, man konnte alles kaufen oder, wenn man kein Geld hatte, eintauschen gegen Lebensmittel. Aber die Juden waren auch so: sie gaben *auf Porges*, wie man hier sagt. Und wenn dann einer viele Schulden hatte, sagte er dem Juden: *Mosche oder Schmiel, weißt du, ich zahl dir jetzt die Hälfte oder ich zahl dir jetzt dreiviertel von der Schuld und du streichst mir alles.* Dann hat der Jude gedacht: besser den Spatz in der Hand wie die Taube am Dach – und hat die Schulden ganz gestrichen...

– Auf diese Weise konnte man dann die Juden hereinlegen?

Naja, hereinlegen oder nicht, jeder hat halt ein bißchen versucht, einen Vorteil zu haben.

– Die gute Nachbarschaft beruhte also vielleicht nur darauf, daß die Juden sich vor Konflikten fürchteten?

Sehen Sie, man muß das richtig verstehn: die Juden waren immer sehr friedfertig, nicht feig, nein, man kann nicht sagen: sie waren feig, denn nach dem Krieg sind sie ja hier durch die Gegend gelaufen, bewaffnet, und haben nach Hitleristen und Horthysten gesucht; sie waren friedfertig, nicht aggressiv wie unsere Leut oder wie die Madjaren, sie haben eben ein anderes Temperament, sie greifen nicht gleich nach dem Messer, sie schlagen nicht einem anderen, wegen irgendeiner Kleinigkeit gleich den Schädel ein, das tut der Jud nicht, der Jud wartet, bis sich der Lärm gelegt hat, und dann sieht er, was zu machen ist. Die Juden besaufen sich nicht, ja, die Juden saufen nicht! Nie gab es in Oberwischau einen besoffenen Juden, nie haben sich zwei Juden auf der Straße geschlagen. Die Deutschen – o du lieber Gott –, die haben sich gedroschen vor den Kneipen, die Ruthenen auch, die Rumänen weiß ich nicht, weil damals gab es keine in Wischau...

– Wieso gab es keine Rumänen hier? Sie sagten doch zuvor, daß in Oberwischau dreitausend Rumänen und Ruthenen lebten.

Ja, die Rumänen wohnten mehr außerhalb des Ortes, an der Straße nach Borscha und in den Seitentälern, und die Ruthenen wohnten dort, wo sie auch heute wohnen: in Neuwetz, Schradenthal und weiter oben auf den Bergen.

– Womit haben die Juden sich beschäftigt?

Die Wischauer Juden waren zum Teil, zum kleineren Teil Kaufleute und Gastwirte, zum Großteil waren sie Handwerker, wie Schuster, Schneider, Bäcker, Friseure, dann Metzger waren auch viele Juden, die Ärzte waren Juden, dann hat es gegeben auch jüdische Arbeiter, Fuhrleute, Holzverlader, Träger, wir haben gesagt *Hamal*, dann Bauern, Schafhirten, wie der alte Friedmann, der Mosche, den Sie ja kennen. Ganz wenige Juden waren reich, die meisten waren sehr arm, so wie wir, sie hatten auch viele Kinder und genau die gleichen Probleme wie die Zipser: die hungrigen Mäuler stopfen.

– Es gab also keine sozialen Unterschiede zwischen Juden und Deutschen?

Nein. Beide Nationalitäten gehörten der armen Arbeiterklasse an.

– Und wer waren dann die Reichen in Oberwischau?

Der Pop Simon, ein ungarischer Großgrundbesitzer, dem die Wälder gehörten, dann der Sägereibesitzer Elephant, übrigens ein Jud, aber der hat die jüdischen Arbeiter genauso ausgebeutet wie die deutschen, da hat der keinen Unterschied gemacht: ob Zipser oder Jud, der Lohn war der gleiche, die Arbeit war die gleiche, nur daß die Deutschen besser qualifiziert waren, die Deutschen hatten mehr geschicktere Hände wie die Juden...

– Als Sägemeister oder Tischler, aber nicht unbedingt als Schneider oder Schuster.

Ja, das stimmt, denn Schneider und Schuster waren nur Juden in Wischau.

– Jemand hat mir gesagt, daß die jüdischen Kinder eine bessere Schulausbildung als die deutschen Kinder hatten.

Sehn Sie, das war so: die jüdischen Kinder sind schon mit drei Jahren in ihre Schule gegangen, natürlich haben sie viel mehr gelernt wie die deutschen, denn sie sind ja oft gar nicht in die Schule gegangen, und wenn auch – was war das für eine deutsche Schule hier in Oberwischau?! Der Unterricht war ein Jahr, zwei Jahre, wenn es hoch kam, dann vier Jahre; das nannte man Vierklassenschule. Die wenigsten Zipser konnten lesen und schreiben, die Kinder halfen in der Wirtschaft, mußten mit den Kühen auf die Alm gehn, Gänse hüten, am Feld arbeiten, auf die kleinen Geschwister Obacht geben, es war doch niemand da, der sich mit unseren Kindern beschäftigen konnte, denn die Väter waren den ganzen Sommer über im Wald oder anderswo auf Arbeit, und die Mütter mußten die Wirtschaft führen. Anders war es bei den Juden: auch das ärmste Kind ging in die Chederschule, lernte lesen und schreiben, lernte Sprachen, lernte aus der Bibel lesen...

– Trotz dieses, sagen wir, Bildungsunterschiedes gab es keine Spannungen zwischen Juden und Deutschen?

Nein, denn die Deutschen hatten da eine ganz andere Einstellung: *Ssoll er a khuder Årpeiter ßein, ßoll er ßein Håndwerk khud wissen*, so pflegte man zu sagen. Auf Schulbildung gab man nicht viel, weswegen es ja dann nach 1945 auch unter den Deutschen sehr viele Analphabeten gegeben hat. Davon spricht man heute nicht mehr gern, denn bei den Siebenbürger Sachsen oder den Banater Schwaben gab es schon seit Jahrhunderten keine Analphabeten mehr, die können alle gut lesen und schreiben, sie können auch alle gut deutsch sprechen, weil sie wenigstens sieben deutsche Schulklassen besucht haben, aber hier in Oberwischau ist das anders: die Rumänen und die Ruthenen waren fast alle Analphabeten, von den Deutschen ein großer Teil, von den Juden niemand. Das ist die Wahrheit: die Juden hatten eine Kultur, sie hatten ihre Bräuche, sie hatten ihre Tradition, und sie haben daran sehr stark festgehalten, nicht wie einige Leut von uns...

– Diese ostjüdische Kultur und Tradition ist dann im Jahr 1942 vernichtet worden. Das Volk, das hier im Tal die höchste Bildungsstufe hatte – wie Sie ja eben gesagt haben –, wurde verschleppt und ermordet. Könnten Sie mir über die „Deportation der Arbeitskräfte“, wie es geheißen hat, etwas sagen?

Für was brauchen Sie das?

– So für mich, für meine Information.

Ich möchte keine Probleme haben, wenn ich über die Juden sprech. Die Zeit ist vorbei, die Juden gibt es nicht mehr. Warum soll man dann noch darüber sprechen?

– Eben weil es in Oberwischau keine Juden mehr gibt, sollte man einmal darüber sprechen.

Ich weiß aber nicht, was für einen Sinn das hat. Ich war nicht gegen die Juden, ich war auch nicht für sie. Es ist sehr traurig, daß man sie weggeführt hat, aber ich will damit nichts zu tun haben.

– Sie haben ja damit nichts zu tun. Sie erzählen mir nur, was damals geschehen ist, weiter nichts. Ich bin Volkskundler und will gern wissen, was damals geschehen ist. Sie können mir alles erzählen, ich spreche mit niemandem darüber.

Gut, aber was ich Ihnen jetzt sage, das ist nur für Sie. Die Maramuresch gehörte damals, zusammen mit Nordsiebenbürgen und dem Sathmargau, unserem schönen Schwabenländchen, zu Ungarn. Hier waren die Horthytruppen, dann ungarische Gendarmen und die *Nyilaschen* – Sie wissen, wer das sind –; alle zusammen haben gesorgt auf die Ordnung, und niemand konnte nichts machen. Im Jahr '42 hat man eines Tages begonnen, die Juden zu verhaften und auf die Obrescha zu führen. Das ist die Berggasse, die hinaufführt in die Judengaß; dort hat man die Juden gesammelt, junge arbeitsfähige Männer und Frauen, auch Mütter von Kindern, das hat niemanden interessiert. Die Gegend Berggasse, Judengaß, Flußgasse, die Marmaroscher Gasse, die Neugasse wurden abgesperrt und zum Ghetto erklärt, niemand durfte heraus und niemand hinein. Die Juden, die man aus anderen Teilen Oberwischaus, aus der Zipserreih' und aus den Gassen unter dem Tschunkaberg verhaftet hatte, die wurden in einen Garten gesperrt; der befindet sich genau unterhalb der Obrescha, Ecke Berggasse-Johannisgasse oder Flußgasse. Eine Woche lang haben sie dort unter freiem Himmel gelebt…

– Sie haben eine Woche lang unter freiem Himmel gelebt?

Ja, unter freiem Himmel, der Garten war bewacht, niemand durfte zu ihnen, es hat dann auch einmal geregnet, aber die Juden saßen oder standen im Regen… Niemand durfte hingehn, denn wen die Gendarmen oder die *Nyilaschen* dabei erwischten, den steckten sie auch in den Garten, der mußte dann auch „auf Arbeit" nach Auschwitz. Vorher aber zerschlugen sie ihm alle Knochen, weil er das Gesetz nicht respektiert hatte.

– Was für ein Gesetz?

Das Gesetz, das verbot, einem Juden, der „auf Arbeit" geschickt werden soll, zu helfen. Die Juden hatten ja keine Rechte mehr, sie sollten verschickt werden, und damit war es aus…

– Und hat jemand versucht, ihnen in irgendeiner Weise zu helfen?

Ja. Es gab Zipser, die in der Nacht, wenn sich die Wächter betrunken hatten oder schliefen, hinschlichen und den armen Leuten ein Stück Käse, ein Brot oder sonstwas gaben. Einen kenn ich, der das gemacht hat: der Birkl-Rudi, er schreibt sich, wie man hier sagt, Rudolf Jachmannowsky. Ich muß aber sagen, viele waren es nicht, jeder sorgte sich auf seine eigene Haut.

– Warum waren es nicht viele?

Weil die Leute hatten ja Angst, die hatten eine so große Angst, wie vor dem Teufel. Mit den Gendarmen war nicht zu spaßen, die ungarischen Gendarmen haben ja auch die Leut geschlagen – wegen jeder Kleinigkeit! Da konnte man nichts dagegen machen, auch wenn man ein Deutscher war – *die* waren stärker. Und dann gab es ja auch die *Nyilaschen*, die richtigen Faschisten, und die Horthytruppen, das Militär. Was konnte da ein kleiner Waldarbeiter tun? Er mußte das Maul halten, denn die waren sowieso gegen uns, weil wir deutsch sprachen oder zipserisch, außerdem war ja dieses hier Grenzgebiet, nahe an der Moldau, an Rumänien, hier war besonders viel Militär.

– Als man die Juden aus Oberwischau abführte, haben die Zipser also zugesehn und nichts getan, um ihre Nachbarn, Bekannten oder auch Freunde vor dem sicheren Tod zu bewahren?

Warten Sie ein wenig, was heißt „sicherer Tod"? Wer hat damals gewußt, daß sie werden fortgeführt, um nicht mehr zurückzukommen? Wer hat an sowas gedacht? Man hat geglaubt, sie gehn „auf Arbeit", das ist alles!

– Aber man hat sie doch aus den Häusern getrieben und wie Verbrecher abgeführt?

Das stimmt, man hat sie mit Gewalt aus den Häusern geholt, und dann wurden sie von bewaffneten Gendarmen, von Soldaten oder von *Nyilaschen* abgeführt zu der Obrescha. Das war schon nicht schön, weil man hat auch junge Mütter von ihren Kindern weggenommen, man hat die Burschen von ihren Familien weggenommen, man hat die Familien zerrissen, so, wie es gerade kam. Aber niemand dachte damals, daß diese Leut nicht mehr zurückkommen werden, jeder dachte: die gehn nur „auf Arbeit".

– „Auf Arbeit" nach Auschwitz-Birkenau, und „das war schon nicht schön"?

Was soll ich Ihnen sagen? Wir haben ja nicht Schuld an dieser Sache, ich hab ja nichts gehabt gegen die Juden, auch mein Vater nicht, wir wollten ja nicht, daß man sie wegführt! Ich hab auch nicht reden wollen über die Sache mit den Juden, aber Sie haben immer gefragt, und ich weiß nicht, was Sie damit machen wollen, aber ich möchte keine Probleme haben. Ich war nicht dabei, mich interessiert das nicht, ich war damals achtzehn Jahre, ich war nicht bei der Waffen-SS, ich war nicht mitgelaufen mit den Hitleristen, so wie viele andere, und darum hatte ich auch nichts mit den Juden!

– Hat der damalige katholische Pfarrer von Oberwischau, der ja auch ein Deutscher war, sich irgendwie zu der Deportation der Juden geäußert?

Nein, soviel ich weiß, hat er nichts dagegen, aber auch nichts dafür gesagt, er war neutral, ihn hat nur der Gottesdienst interessiert, er war ja als Pfarrer kein Faschist.

– Aber er hätte als Pfarrer *a Mensch* sein können, er hätte etwas tun müssen, um den Mord zu verhindern! Er hätte wenigstens versuchen müssen, etwas zu tun!

Das ist eine Sache, die betrifft die Kirche, nicht mich, ich bin Kommunist, was der Pfarrer hätte tun müssen, das sagen Sie, bitte, der Kirche oder den Leuten von dort, ich geh nicht in die Kirche. Ich habe vielleicht meinen Glauben, so, wie alle Leut einen Glauben haben, aber ich geh nicht in die Kirche.

– Was mich immer wieder entsetzt, wenn man über jene Zeit spricht, ist die Tatsache, daß aus einem Ort mit etwa dreizehntausend Einwohnern 1942 über tausend Menschen abgeführt werden, und niemand sagt etwas oder tut etwas dagegen!

Das können Sie nicht verstehn…

– Nein, das kann ich nicht verstehn!

Ich habe doch schon erklärt, wie das war: die Leute hatten

Angst. Man konnte nichts machen, die anderen waren stärker!

– Ich verstehe, daß die Oberwischauer Deutschen Angst hatten – ich weiß, was Angst bedeutet, ich habe auch manchmal Angst –, aber ich kann und werde es nie verstehn, wie man bei der Deportation der Juden einfach zugesehn hat, ohne auch nur zu versuchen, etwas dagegen zu tun.

Wissen Sie, nachdem man die ersten Tausend weggeführt hat, waren ja noch sehr viele Juden da. Es ist vielleicht nicht einmal so aufgefallen, daß auf einmal tausend weniger...

– Es ist „nicht aufgefallen"?

Es waren ja noch über Viertausend!

– Und als man dann zwei Jahre danach, 1944, auch diese Viertausend – Kinder, ältere Menschen, Großmütter und Großväter, Kranke und Lahme – wegführte, hieß es wieder: die gehn „auf Arbeit"?

Nein, nein, das hat man nur am Anfang gesagt. Beim zweiten großen Transport sagte man: die Familien werden *zammfiehrt*, die Kinder sollen wieder zu ihren Eltern, und die Eltern zu ihren Kindern und so weiter. Ich weiß noch, wie ein kleiner Judenbub, der in unserer Nachbarschaft wohnte – ich erinner mich nicht mehr an seinen Familiennamen, er hieß aber Joschua, und wir sagten ihm Joschi –, der sagte damals: *I geh jetzt zu meiner Mamele!* Und seine kleine Schwester hat nur gesagt: *Mamele, Tatele – Mamele, Tatele!* Die war so zwei Jahre alt. Die Kinder haben sich gefreut, daß sie jetzt weggeführt werden zu ihren Eltern, zusammen mit der Großmutter. Die hatten ja sicher schon Sehnsucht nach ihren Eltern.

– Die sie dann aber nie wieder gesehn haben!

Wer hat das können wissen?! Denn auch die Leut von der Volksgruppe – ich will keine Namen nennen, man macht sich nur Feinde –, die haben ja auch immer gesagt: die Juden gehn „auf Arbeit", wenn sie zurückkommen, werden sie stark sein, wie die *Holzhackerpubn* aus dem Wassertal.

– Aber die jüdischen Fuhrleute, die Lastenträger und Holzarbeiter, die waren doch groß und kräftig – so hat man sie jedenfalls beschrieben –, die mußten doch nicht erst nach Deutschland „auf Arbeit“ gehn, damit sie so werden „wie die Holzhackerpubn“.

Ja, natürlich, aber es gab unter den Juden auch viele kleine schwache Leute, die Schuster und Schneider, die Händler, das waren so kleine Männchen, mit langen *Peikles*, mit langen schwarzen Röcken, mit schwarzen Hüten, die haben schon sehr komisch ausgesehn. Das sag ich Ihnen nur so, ich hab nichts gehabt gegen diese Menschen, aber komisch waren sie.

– Sahen die Zipser Waldarbeiter in ihren *Topanken*, den Filzhosen und den *Pelzlajbal* nicht auch irgendwie „komisch“ aus? Oder die Ruthenen in ihren weiten roten Hosen?

Ja, vielleicht, aber die Juden waren doch anders.

– Wie „anders“?

Ich möchte nicht darüber sprechen.

– Wenn eine Jüdin und eine Zipserin auf der Straße gingen, konnte man sie dann voneinander unterscheiden?

Nein, die Frauen waren schwer zu unterscheiden. Unter den Jüdinnen gab es sehr schöne Mädchen, an die erinner ich mich noch gut, die waren fesch, die hatten schwarze Locken und schwarze Augen, aber es gab auch blonde Jüdinnen, und die sahen aus, so wie unsere Mädchen, vielleicht noch ein bissel schöner. Ja, das muß man ihnen lassen, die Mädel waren schön. Aber sie sind nicht mit Zipsern *gegangen*, die hatten nur mit den Juden zu tun; mit den Zipsern waren sie Freund, aber *gegangen* sind sie nur mit den ihrigen, mit uns haben sich die Juden nicht vermischt.

– Sie sagten zuvor, daß viele Jüdinnen „schwarze Locken und schwarzes Haar“ hatten, aber ich kenne auch eine Reihe von hübschen Zipserinnen, die schwarzes Haar und dunkle Augen haben. Sind das nun nicht „unsere Mädchen“?

Ja, es sind auch unsere Mädchen, da hat niemand was gesagt, aber blond ist schöner. Ich mein, seit damals sagt man hier, die blonden Frauen sind schöner, die blonden Kinder sind schöner als die schwarzen. Das ist jetzt so geblieben, da kann man nichts ändern. Sie haben ja auch eine blonde Frau geheiratet!

– Ich habe meine Frau nicht darum geheiratet, weil sie blond ist; das können Sie mir glauben. Die Haarfarbe hat überhaupt keine Rolle gespielt.

Gut, das kann nachher jeder sagen. Meine Frau ist auch blond, und ich will sagen: das ist kein Zufall!

– Wie war es dann nach dem Krieg, als die wenigen Überlebenden aus Auschwitz nach Oberwischau zurückkehrten?

Das war eine sehr schlechte Zeit für unsere Leute, aber darüber soll man lieber nicht sprechen.

– Warum nicht?

Na, sie haben zuerst überall nach gewesenen Hitleristen gesucht, sie haben jeden Deutschen verdächtigt, daß er war ein Hitlerist. Sie sind in alle Häuser hineingegangen, sie waren bewaffnet und sie haben auch auf Leute geschossen, und überall haben sie nach Hitleristen gesucht. Dann haben sie auch nach Sachen gesucht, die man aus ihren Häusern weggestohlen hatte. Das war eine sehr schlechte Zeit, man hatte keine ruhige Stunde mehr, man konnte nicht mehr auf die Straße gehn, weil überall bewaffnete Juden standen.

– Es war doch zu erwarten, daß die Überlebenden nach den Mitschuldigen suchen und daß sie ihr gestohlenes Gut wieder zurückhaben wollen?

Ja, aber die wirklichen Hitleristen waren doch schon längst mit den deutschen Truppen auf und davon, und wir hatten auch keine jüdischen Häuser ausgeplündert!

– Das haben die Juden wahrscheinlich nicht gleich gewußt, wer Hitlerist gewesen war und wer nicht.

Wissen Sie: die Juden waren gegen *alle* Deutschen, die haben uns gehaßt, die hätten uns alle zum Teufel geschickt, wenn sie es hätten können.

– Nach dem, was geschehn war, ist das nicht verwunderlich.

Naja, Sie reden jetzt so, nach über vierzig Jahren kann man so reden, niemand hat nichts dagegen. Aber wenn *Sie* damals in Oberwischau gewesen wären nach dem Krieg, und der Jud wär gekommen in ihr Haus mit dem Gewehr in der Hand und hätt Ihnen gedroht. Was hätten *Sie* dann gemacht.

– Ich hätte wahrscheinlich auch ein Gewehr genommen und wäre mitgegangen, um nach jenen zu suchen, die sich in den Wäldern versteckt hielten und die an dem Mord mitschuldig waren.

Das hätten *Sie* gemacht?

– Das hätte ich gemacht!

Aber man kann nicht eine böse Tat mit einer anderen bösen Tat vergelten!

– Mord ist keine „böse Tat". Wenn man fünftausend Menschen deportiert, um sie zu vernichten, so ist das Massenmord!

Sehn Sie, wir waren gute Freunde, ich kenn Sie seit dem Jahr '66, wie Sie zum erstenmal nach Oberwischau gekommen sind, und jetzt zanken wir uns wegen den Juden, die es gar nicht mehr gibt. Sehn Sie, deshalb hab ich nicht sprechen wollen über diese Sachen, man hat nachher Probleme mit den Leuten, es gibt immer Zank wegen den Juden. Sollen wir sie vergessen, dann haben wir Frieden, weil: sie waren einmal, und jetzt sind sie nicht mehr!

Paul Lahner, *geb. am 16.1.1925 in Oberwischau (Vişeu de Sus) gest. 1.11.1988 daselbst. 1936–1940 Besuch der deutschen Bürgerschule in Großkarol, anschließend Besuch des Lehrerseminars in Baia Mare, 1950–1969 Leiter der Deutschen Allgemeinschule und später der Abteilung mit deutscher Unterrichtssprache der Allgemeinschule Nr. 1, Oberwischau, bemühte sich nach 1949 um die Neugründung der deutschen Blasmusik und der Laienspielgruppen in Oberwischau.*

Tonbandaufnahme (gekürzt) vom 6. August 1988.

Nachtrag

Ich hatte gestern den Eindruck, wie Sie weggegangen sind, daß etwas ist nicht in Ordnung... Aber stellen Sie den Recorder ab. Was wir jetzt reden, muß nicht auch registriert werden.

– Beachten Sie ihn nicht, der läuft immer. Ich vergesse sonst, was man mir sagt.

Vergessen ist eine Alterserscheinung. Sie müssen viel Knoblauch essen, wie die Juden das gemacht haben: die haben immer viel Knoblauch gegessen, und deshalb waren sie so gescheit, das heißt noch gescheiter wie die Deutschen.

– Waren sie tatsächlich gescheiter, weil sie Knoblauch aßen? Die Zipser essen ja auch viel Knoblauch.

Ja, aber die Zipser essen Knoblauch, weil sie sich schützen wollen vor den Waldweibln, vor den Hexen; denn wenn man Knoblauch ißt, können die einem nichts machen, so jedenfalls denkt das einfache Volk. Aber ich wollte mit Ihnen noch einmal über die Juden sprechen; ich will nicht, daß wegen dieser Sache unsere guten Beziehungen leiden. Deshalb sollen wir noch einmal über die Juden sprechen ...

– Wir sprechen ja eben über die Juden und den Knoblauch.

Ich hatte Ihnen ja gestern gesagt, daß da mehrere Kräfte am Werk waren. Also die *Nyilaschen* – was das sind, wissen Sie –, dann gab es die *Rongyos Gárda*, die *Nemzetőrség*, die *Tűzharcosok*, dann die Gendarmerie, die *tábori csendőr*, mit den Hahnenfedern am Hut, und in Oberwischau gab es noch die *tábor csendőr*, die Lagerwächter...

– Was für Lagerwächter?

Darüber spricht man heute nicht!

– Ich möchte aber doch gern darüber sprechen.

Das ist eine sehr peinliche Sache, wissen Sie, denn in Oberwischau hat es gegeben eine Art Lager, das dem *Magyar Nemzeti Munkaszolgálat* unterstand, das heißt, dort hat man die Leute für die Arbeitslager eingesammelt.

– Aber davon war bis jetzt nie die Rede.

Man soll darüber nicht reden. Ich weiß nicht, ob es erlaubt ist, das zu sagen, was ich Ihnen sag. Diese Sache war einmal, sie ist vergessen, vorbei, und wir wühlen jetzt in der Geschichte.

– Ja, wühlen wir ein wenig in der Geschichte.

Aber es soll keinen Skandal geben, ich bin Rentner, habe meine Zeit abgedient im Lehramt, und jetzt im Alter will ich keine Probleme haben, wegen der toten Juden…

– Sie werden keine „Probleme haben"!

Hoffentlich haben Sie recht. Also, das Lager war dort, wo heute die Schneiderei der Handwerksgenossenschaft ist – in der Mosigasse (der Kinogasse, früher hieß sie Sägewerkgasse, weil sie zum Sägewerk führt, und heute heißt sie *strada Lenin*), dort, in dem Haus, im Hof war das Lager. Dort hat man bei dem zweiten Transport die Juden gesammelt – aber nicht nur Juden, auch Rumänen – und nach Nagykanizsa, ins Arbeitslager transportiert; von Nagykanizsa ging es dann weiter nach Auschwitz.

– Wem unterstand dieses Oberwischauer KZ, über das bisher niemand gesprochen hat?

Soviel ich weiß – aber auch nur von andern Leuten –, hat der Prätor Kadicsfalvy das eröffnet; der war damals der höchste Mann in Wischau.

– Und Pop Simon?

Pop Simon war Notär, er war aber auch der reichste Mann hier im Tal. Aber eigentlich war es kein richtiges Lager, also Konzentrationslager, denn man hat die Leute – zuerst die Juden, dann die Rumänen und Slowaken – dort nur gefangengehalten. Es waren einige Wächter, solche *tábor csendőr*, die haben aufgepaßt, daß niemand wegläuft. Die haben auch die Leute geschlagen, und manche haben sie erschossen, aber ein richtiges Konzentrationslager war das nicht.

– Also kein „richtiges" KZ?! Sind die Namen der Lagerwächter, der sogenannten *tábor csendőr* bekannt?

Diese Leute sind schon längst über alle Maramurescher Berge…

– Aber kennt man die Namen dieser Wächter? Wenigstens einige von ihnen?

Nicht einmal eine Hahnenfeder können Sie erwischen von ihren Hüten! Alles weg, vergessen! Ich habe einige Namen, weil ich wollte ja einmal ein Buch über Oberwischau schreiben. Aber wenn ich Ihnen jetzt die Namen sag, erfahren das alle Leute, und dann hab ich Probleme.

– Es erfahren nicht „alle Leute". Ich werde auch bestimmt keine Nachforschungen anstellen, ob es diese ehemaligen Lagerwächter noch gibt.

Es waren ja auch die Leute aus dem Gemeinderat, die eigentlich verantwortlich sind für die Deportation der Juden.

– Und wie haben die Leute aus dem Gemeinderat geheißen?

Es waren keine Zipser.

– Um so mehr können Sie mir die Namen nennen. Außerdem gibt es ja auch Archive, das Staatsarchiv in Sigeth zum Beispiel, und dort kann man sicher die Namen der Beamten finden.

In Sigeth kommen Sie nicht so leicht dran, da braucht es Bewilligungen, und wenn Sie sagen, warum Sie die Bewilligung haben möchten – ich weiß nicht!

– Sagen Sie mir, bitte, die Namen!

Also da war der Kadicsfalvy, und dann waren noch drei: der Konsilier Tóth Vincze, dann Ajtáy und Radki. Im Lager waren sechs Wächter, 1944; die Namen hab ich vom Funer, der auch Wächter war. Aber der ist gestorben. Die haben geheißen: Pápay Gergely – das waren zwei mit gleichem Namen, der Vater und der Sohn –, dann war der Kiss Sándor, der Nagy Sándor, der Tamás Lörincz und der Szabó Antal. Das sind die Namen. Die haben auch die Rumänen von Moisei erschossen; Sie wissen ja, am 14. Oktober '44 hat man neunundzwanzig Rumänen und zwei Juden bei Moisei erschossen...

– Beim ersten Transport 1942 hat man die „arbeitsfähigen" jüdischen Männer und Frauen zwischen 18 und 48 Jahren zuerst zu einer Sammelstelle bei der Obrescha, Berggasse, geführt. Gab es damals das Lager in der Sägewerkgasse noch nicht?

Also das war so: im Jahr '44, Anfang April, hat man das Ghetto gemacht, und damals hat auch der Kadicsfalvy das Lager eröffnet. Zuerst hat man alle Juden hingebracht – die Juden mußten ja ein gelbes Band tragen, die noch hier waren, denn der große Transport „auf Arbeit" war ja im Jahr '42 gewesen –, dann hat man auch viele Rumänen, die auch „auf Arbeit" mußten, hingebracht. Manchmal waren dort bis fünfhundert Leute, hab ich gehört. In einem Zimmer sind auch fünfzig am Boden gesessen. Andre haben im Hof, unter dem freien Himmel geschlafen. Die Administration war aber nicht in Wischau, die war in Leordinen; dort war auch die Zentrale der Horthyarmee.

– Wann wurde dieses Lager aufgelöst?

Wahrscheinlich Ende Oktober, denn Mitte Oktober, wie die Erschießung der Helden von Moisei war, gab es noch das Lager. Im September wurden noch die Rumänen aus Borscha nach Joodt evakuiert, und die Rumänen aus Mosesdorf hat man – nach den Juden, denn die waren schon vorher abtransportiert worden – nach Rosalien und Petermannsdorf geschafft. Petermannsdorf-Şieu war ja einmal ein deutsches Dorf, Sie wissen, da hatte der Adlige Wachsmann viel Besitz...

– Was geschah dann Ende Oktober 1944?

Dann kamen ja die Russen von Osten her, von der Ukraine, die nur über die Berge ist, ganz nahe. Die Deutschen hier aus dem Tal, die Zipser, waren ja alle schon am 10. Oktober geflüchtet, zusammen mit den deutschen Truppen, der Wehrmacht. Zurückgeblieben sind die ungarische Verwaltung, die verschiedenen *Tábori-Tschenders*, die Feldgendarmerie, einige Lagerwächter, die dann noch schnell die übrigen Gefangenen erschossen haben, einige hier, andre in einem Haus in Mosesdorf, andre draußen auf dem Feld. Die waren ja sehr in Eile, weil die Russen immer näher kamen.

– Am 14. Oktober 1944 wurden in Mosesdorf zusammen mit neunundzwanzig rumänischen Bauern auch zwei Juden, deren Namen nicht bekannt sind, erschossen. Wieso gab es eigentlich im Oktober 1944 noch Juden in

Oberwischau, nachdem im April desselben Jahres alle jüdischen Einwohner, vom Säugling bis zum Greis, nach Nagykanizsa und Auschwitz deportiert worden sind?

Man hat immer wieder noch ein paar Juden gefangen. Einige waren ja entkommen, hatten sich in den Wäldern versteckt, und die *Tschender* und die Soldaten machten ja ständig Jagd auf die Juden. Bei einer so großen Bevölkerung war es ja nicht so einfach, alle auf einmal wegzuschaffen.

– Laut ungarischer Statistik lebten im Januar 1941 in der Maramuresch rund 35 590 Juden. Wieviele, meinen Sie, konnten sich von diesen in den Wäldern verstecken?

Also aus Oberwischau kenne ich nur einen Fall, und hier sind ja die großen Wälder, hinüber zur Karpatenukraine. Gegen Sigeth zu ist ja flaches Land, da kann man sich schlecht verstecken.

– Also einer von fünftausend hatte die Chance, in den Wischauer Wäldern zu überleben?

Ja, einer.

– Gibt es eine Gedenktafel an dem Haus, wo jetzt die Schneiderwerkstatt untergebracht ist und wo vorher das Lager war?

Nein.

– Und wissen Sie vielleicht, warum nicht?

Man soll sich nicht mehr daran erinnern, denn dieses Lager war ein Schandfleck in Oberwischau. Darum soll man auch nicht mehr davon sprechen.

– Haben Sie einmal Ihren Schülern davon erzählt, was sich in der Sägewerkgasse zugetragen hat?

Also genau darüber nicht. Über die Helden von Moisei haben wir oft gesprochen, und wir waren auch dort, an der Gedenkstätte, die der Bildhauer Vida Géza errichtet hat... Es gibt aber auch keine Gedenktafel, die sagt, daß man nach dem Krieg die Deutschen von hier deportiert hat. Ich verurteile in meinem Innern die Deportation der Juden – das war ein Verbrechen! –, aber warum spricht niemand dann auch über die Deutschen aus der Maramuresch, die man 1945 aus Sigeth, wo die Sammelstelle war, in die Sowjetunion geschickt hat, wo sie jahrelang arbeiten mußten. Auch die waren „auf Arbeit" geschickt worden wie die Juden...

– Nicht „wie die Juden"! Die Deutschen aus Rumänien – Banater Schwaben, Siebenbürger Sachsen und andere – wurden als Folge des Krieges in die Sowjetunion zwangsdeportiert. Hätte Hitler nicht den Krieg begonnen, wären sie alle schön zu Hause geblieben. Der Mord an den Juden ist vorher geschehen, und sie wurden, wie wir ja festgestellt haben, nicht „auf Arbeit" geschickt, sondern „ins Gas", in den sicheren Tod.

Es sind auch viele unschuldige Deutsche in den russischen Lagern ums Leben gekommen, auch Oberwischauer, auch Frauen mit kleinen Kindern, die dann Waisen geblieben sind. Man kann also sagen: es sind viele Juden gestorben, und es sind auch viele Deutsche gestorben, Juden und Deutsche aus Oberwischau.

– Das kann man so nicht sagen! Die Juden sind ermordet worden, die deportierten Deutschen hingegen – ob sie nun aus Siebenbürgen, dem Banat oder der Maramuresch waren – hatten einen anderen Tod: sie sind erfroren, verhungert, elend gestorben, doch sie wurden nicht vorsätzlich in ein Vernichtungslager geschafft, denn man brauchte sie ja als Arbeitskräfte. Daß die Lebensbedingungen unmenschlich waren, stimmt, aber der Großteil konnte überleben und ist zurückgekehrt. Sie sollen mich nicht falsch verstehen, ich will die Deportation der Deutschen zur „Aufbauarbeit", wie es offiziell heißt, nicht in irgendeiner Weise entschuldigen, aber mit der Deportation der Juden nach Auschwitz hat das nichts gemein, das eine kann mit dem anderen nicht verglichen werden!

Aber tot ist tot – ob man im Krieg stirbt, oder ob man im Arbeitslager verhungert oder „im Gas" stirbt. Am Ende ist man immer tot, und vom Tod, das hat der alte Kraftschik gesagt, da gibt es keine Rückkehr, tot ist tot...

– Es ist ein großer Unterschied zwischen dem Tod im Arbeitslager und dem Tod im Vernichtungslager...

Ja, aber Sie wollen jetzt nur zeigen, daß die Deutschen an allem schuldig sind!

– Die Deutschen haben den Krieg gegen die Sowjetunion begonnen, sie haben mit der Vernichtung der Juden begonnen – niemand anders. Gestern sagten Sie doch, daß die Juden „friedfertiger“ waren als die Zipser und versuchten, Konflikte mit anderen Bevölkerungsgruppen zu vermeiden. Die Juden haben keinen Krieg begonnen, sie haben auch niemanden vertrieben, deportiert oder vernichtet...

Auch die Deutschen wurden aus der Ukraine vertrieben, aus Rachow – Rauhau – zum Beispiel; sie mußten um ihr Leben laufen. Wo ist da der Unterschied? Und aus Oberwischau wurden im Jahr '45 die arbeitstüchtigen Männer und Frauen deportiert! Wo ist da der Unterschied?

– Den „Unterschied“ sehe ich darin, daß *alle* Oberwischauer Juden – arbeitsfähige Männer und Frauen, aber auch Kinder und Greise – nach Auschwitz deportiert wurden. Bei den Deutschen hingegen wurden „nur“ die „Arbeitstüchtigen“, wie Sie zuvor sagten, ausgewählt. Die einen sollten vernichtet werden – und wenn von den fünftausend Juden heute in Oberwischau noch vier leben, so kann man sagen, daß sie vernichtet worden sind! –, die anderen mußten dafür büßen, daß ihr Volk, die Deutschen, mit Krieg und Vernichtung begonnen hatte. Freilich waren die Oberwischauer Zipser an der Katastrophe, die Hitler über Europa gebracht hat, nicht schuld. Aber traf die Juden irgendeine Schuld? Hatten die jüdischen Fuhrleute, Lastenträger, Schuhflicker, Schneider, Bäcker, Händler, Hirten und Bauern in ihrem armseligen Leben etwas getan, was gegen die christlichen oder nichtchristlichen Gesetze verstieß? Gibt es jemanden hier im Tal, der vielleicht vor dem Jahr '42 von den Juden verfolgt oder in irgendeiner Weise beleidigt wurde?

Ich kenn niemanden, aber man kann ja nicht wissen. Ich wollte zuvor nur sagen, man soll nicht immer alles nur den Deutschen in die Schuh schieben, denn auch sie haben genug durchgemacht. Eine Schriftstellerin, eine von Ihren Leuten, hat in einem Artikel, der in Deutschland erschienen ist, geschrieben, daß *alle* Zipser zur SS gegangen sind. Jemand hat mir den Artikel geschickt, das ist eine Schweinerei, eine Lüge!

– Natürlich ist das eine Lüge, denn auch ich weiß, daß nicht „alle“ Zipser bei der Waffen-SS waren. Das ist übertrieben, Herta Müller hat sich da nicht genügend informiert. Doch darüber zu sprechen, hat gar keinen Sinn.

So, wie die gelogen hat, lügen auch andere... Wir haben uns jetzt wieder gezankt wegen den Juden. Sehn Sie, deshalb soll man lieber über andere Sachen sprechen. *Kaßka* kann ich Ihnen erzählen – Sie sammeln ja so was –, aber über die Juden red ich mit Ihnen nicht mehr. Wir haben andere Probleme: wir sind noch etwa zweitausend Deutsche hier im Tal – also auch nicht mehr fünftausend wie früher –, und von diesen wollen viele wegziehn, *auf Deutschland fahren*, wie man sagt. Das ist unser Problem! Auch die Zipser im Wassertal sterben aus. Auch von uns wird man eines Tages sagen: die hat es hier gegeben, und jetzt gibt es sie nicht mehr...

– ... weil sie ausgerottet worden sind?!

Nein, weil sie fortziehn mußten, ich sag *mußten*, denn es geht mit uns zu Ende, wir haben keine deutschen Lehrer mehr, mit der Kulturarbeit steht es sehr schlecht, niemand hat mehr Lust, etwas zu tun, alle reden nur noch von Deutschland, alle wollen weg, oder vielleicht nicht alle, aber *viele*... Die Leute sagen, sie können nicht mehr, sie können nur noch fortziehn, fort, fort, fort...

– Die Juden aber konnten nicht einmal fortziehn, diesen Ausweg hatten sie nicht.

Das waren andere Zeiten...

– Ja, das waren andere Zeiten.

Paul Lahner
Tonbandaufnahme (gekürzt) vom 7. August 1988.

War einer Hersch, Fuhrmann…

(Alexander Zeppelzauer)

Frieher, bis zum Jahr '44, war Oberwischau ein Derfl mit drei großen Siedlungen; die Zipserreih', wo haben gewohnt unsre Leit und Juden, die Taitsche Reih', wo haben gewohnt *tie Taitschn*, die Obereestreicher – die waren schon mehr madjarisch eingestellt, weniger deitsch –, und dann war *tås Schtetl*, wie wir haben genannt den Ort, wo haben gewohnt die Juden. Zipser und *Taitsche* zusammen waren so viele wie Juden – so bei fimftausend, vielleicht noch mehr…

– Fünftausend Juden?

Fimftausend Juden, fimftausend Zipser und *Taitsche*, und dann waren noch Romänen, Rußnaken, Madjaren, Armenier ein paar, Slowaken, Polacken.

– Wieviel Einwohner waren das im ganzen?

Im ganzen waren das meeglicherweise zwölftausend oder dreizehntausend. So genau weiß ich nicht.

– Ungarn gab es keine in Oberwischau?

Gab es auch Ungarn: der Pop Simon, ein reicher Mann, Kadicsfalvy, Ajtaj, Toth, die Gemeindeleitung in der Großen Gasse, das waren Ungarn, dann die *tábori csendőr* waren auch alles Ungarn…

– Was heißt *tábori csendőr*?

Das war die ungarische Feldgendarmerie. Dann waren noch einige Beamte, die fier das *Magyar Nemzeti Munkaszolgát* in Leordinen gearbeitet haben.

– Darauf möchte ich noch einmal zurückkommen. Aber zuerst erzählt mir von den Juden.

Von den Juden? Ich hab fier Euch aufgeschrieben *Kaßka* von die Hexen, ånderi Kschichtn… Das sind *Kschichtn*, nit immer die Wahrheit, aber von den Juden weiß ich viel erzählen, und das sein keine *Kschichtn* nit, das ist die Wahrheit. Wollt Ihr wissen die Wahrheit von den Juden?

– Selbstverständlich möchte ich die Wahrheit erfahren, und nicht irgendwelche *Kschichtn.*

Mein lieber Freind, das sind traurige Sachen, die Wahrheit ist eine traurige Wahrheit, aber darieber redt ja niemand nit, weil die Juden gibt es nit mehr, die sind weg. Und wenn ich heit von die Juden was erzähl, muß ich so sagen: Es waren einmal die Juden in Wischau... So beginnt eine Mära aus alter Zeit, wenn ich sag: Es waren einmal die Riesen oben im Wassertal... Die Juden hat es gegeben, hier in Wischau haben sie gelebt, viele waren es, sehr viele, ich hab schon gesagt, bei fimftausend Seelen. Aber heit weiß niemand was davon. Ich kann viel erzählen, weil ich hab die Juden gekannt. Weißt, sie waren gute Leit, arm wie wir, aber dann so ganz anders wie unsre Leit, die Zipser.

– Wieso waren sie „so ganz anders"?

Wie soll ich Eich sagen? Hatten sie *a ånderi Sprach*, haben sie gesprochen Jiedisch, haben sie anders gegessen wie wir, haben sich anders kleidet, haben sie *ånderi Feiertäg* gehabt wie wir; die Juden waren anders!

– „Anders" als die Zipser waren ja auch die Rumänen und Ruthenen.

Die auch, ja. Mit die haben wir nit so viel gehabt Freindschaft, weil die haben gewohnt oben auf die Berge, und wir und die Juden haben gewohnt im Dorf, im Tal. Die Juden haben auch unsre Sprach gesprochen: Zipserisch oder *Taitsch*, manche auch die alte Sprach, *Outzipserisch.* Die Romänen haben nur gewußt *ihnrigi* Sprach.

– Dann waren die Juden doch nicht so „ganz anders", weil sie ja Eure Sprache, Eure Mundarten kannten und hier unten im Tal wohnten.

Das ist so, ja. Die Deutschen, also die Zipser, haben mit den Juden zusammengewohnt, hier in der Zipserreih' und drieben Am Platzl, in der Großen Gasse, in der Borschagasse und drieben in der Gegend um die Sägewerkgasse; da waren ieberall Juden, aber auch unsre Leit. In der Judengasse, von der Obrescha hinauf und die Gassen von der *Maramureşului*, weiter, wanns weißt, da haben nur Juden gewohnt, da war *tås Schtetl*, wie man gesagt hat. Sehr viele Juden waren dort.

– Es haben aber nicht alle fünftausend Wischauer Juden im Schtetl gewohnt?

Nicht alle, ich hab ja schon gesagt, auch in der Zipserreih' waren welche, der Toiwi – wir haben ihm gesagt Tulli, hat er sich geschrieben Federweisz –, der hatte ein *Peisl* Am Bergl, wo die Berglgaß hinunterfiehrt, das ist die Gaß vor der Fleischhauergasse, dann hat hier gewohnt einer, Eisikowits, dann Jossel, Vogel, weiß ich noch, einer Taub, Wolf, dann einer Goldhammer, ja, waren viele, hab ich aber nicht mehr alle Namen im Sinn.

– Hattet Ihr auch jüdische Nachbarn oder Freunde?

Nachbarn hatten wir keine, weil neben uns haben gewohnt Zipser. Aber einige Freinde hab ich gehabt. Weißt, ich war ja Fleeßner, und die Juden waren meist Fuhrleit, und wenn ich von oben aus Makerlau mit den Fleeßen bin gekommen, dann haben wir anhalten hier oberhalb vom Pulverturm, die Stelle heißt Portosch. Von dort hat man dann das Holz hinieber transportiert zum Sägewerk. Na, die Transportleit waren Juden – mit Pferd und Wagen, auch die Arbeiter waren meist Juden, große starke Leit. Aber das war keine Arbeit fier uns, die Zipser, wir waren Holzfäller, Fleeßner, Handwerker. Diese schwere Arbeit, das Abladen, den Transport, haben gemacht Juden und Rußnaken. So war das frieher.

– Die Juden waren aber auch Geschäftsleute und auch Handwerker?

Ja, Geschäftsleit waren sie, gute. Die haben gehabt alle *Gewelber* hier im Tal, der Handel war ganz jiedisch. Handwerker waren auch viele, das ist wahr, aber keine Tischler und Baumeister – das waren nur unsre Leit.

– Was waren die Juden?

Die Juden waren Schneider, Bäcker waren einige, Schuster waren einige, Fleischhauer, Kierschner waren Juden, nur Juden. Was ich sagen will: Schneider und Schuster waren nur Juden! Der Fotograf war ein Jud, dann waren Juden, die haben gemacht *Schåfbrinsen*, die haben sie dann verkauft, gute *Brinsen*, weil es waren auch Juden, die haben gehabt Wirtschaft, große Wirtschaften waren da, jiedische Bauern! Ja, wir hatten jiedische Bauern hier im Tal. Dann war einer, was hat gemacht allerhand Gebäcks fier die Kinder, auch ein Jud.

– Hattet Ihr einen jüdischen Freund?

Freind? Ich war Freind mit viele. War einer Hersch, Fuhrmann, ein guter Mensch. Waren auch andre, aber weiß ich nicht mehr die Namen.

– Warum war dieser Hersch „ein guter Mensch"?

Weil, ich war ja Fleeßner, einmal war ich sehr krank, hatte eine sehr starke Verkiehlung, meine Frau auch. Ich hab nit kennen aufstehn, meine Frau ist gelegen im Bett, ich bin gelegen im Bett. Die Kuh hat die Nachbarin gefittert. Aber am ersten Tag ist gekommen die Rutka, das Weib vom Hersch, und hat sie gebracht einen großen Topf mit Hiehnersuppe, mit viel Fleisch. Hat sie *gewärmt* die Hiehnersuppe am *Spar*, und haben wir gegessen. Dann hat sie gebracht Gebäcks. Haben wir gegessen Gebäcks. So sind wir geworden gesund.

– Und eine Zipser Nachbarin hätte euch kein Essen bringen können?

Ja, natierlich. Aber waren alle so *vernommen* auf der Podury, am Feld, daß keine hatte Zeit nicht. So ist gekommen die Rutka.

– Dann war also die Rutka „ein guter Mensch", denn sie hat euch ja das Essen gebracht?!

Die Rutka hat das Essen gebracht, aber wer hat ihr gesagt, sie soll es bringen, wer hat ihr gesagt, der Schandor ist krank? Der Hersch! Nur er hat gewußt, weil er war ein Freind.

– Im Frühjahr 1942 wurden zum erstenmal aus Oberwischau jüdische Männer und Frauen zwischen achtzehn und vierzig Jahren in ungarische Arbeitslager und von dort nach Auschwitz deportiert. Befanden sich unter diesen auch Euer Freund Hersch und seine Frau Rutka?

Der Hersch noch nicht, denn der war ja Fuhrmann beim Kohren, so hat geheißen die Firma, hat sie gehört einem Deitschen, und den hat man dort behalten. Aber im April '44 haben sie auch ihn wegfiehrt. Die Rutka ist vorher gestorben. Aber sie haben auch Buben wegfiehrt, was waren vierzehn Jahre, und auch Mädel, und sie haben auch wegfiehrt ältere Leit, so bis achtundvierzig-fimfzig. Wer stark war, hat arbeiten kennen, den habens wegfiehrt.

– Wer hat den Befehl gegeben, die Juden abzutransportieren?

Das kam aus dem Reich. Meeglich der Hitler perseenlich – ich weiß nit! Aber hier in Wischau war es der Kadicsfalvy, und dann noch einige, die Namen weiß ich nit mehr. Ich weiß nur, daß viele haben gegeben Geld, dem Kadicsfalvy, dem Pápai und noch einigen von den *tábor csendőr*, damit man sie laßt zu Hause. Aber die sind dann nachher, im Jahr '44, auch weg.

– Moment, Ihr habt zuvor von den *tábori csendőr* gesprochen. Was waren dann die *tábor csendőr*? Oder habe ich schlecht verstanden?

Die *tábor csendőr* – ohne „i" –, das waren de Polizisten, was die Juden abfiehrt haben. Die andern waren die Feldgendarmerie, die Polizei. Dieses waren die speziellen Polizisten, weißt?

– Und die Stelle, von wo aus die Deportation der Juden geleitet wurde – wenn man so sagen kann –, war in Leordinen.

In Leordinen war ihre Zentrale.

– Ihr habt am Anfang unseres Gesprächs zwei Namen genannt – Ajtay und Toth. Was für eine Rolle haben die beiden bei der Deportation der Juden gespielt?

Ich weiß nit so genau, aber das waren die Leit vom Kadicsfalvy.

– Und man konnte sich von der Deportation loskaufen?

Nicht loskaufen! Das hätt geheißen, daß die Leit werden nit mehr transportiert, aber zwei Jahr später hat man sie ja doch wegfiehrt. Man hat kennen sich loskaufen vom ersten Transport – fier Geld, fier Schmuck, fier Gold –, die Juden haben ja gehabt so was. Dann sind sie nicht transportiert worden, aber sie haben nit gewußt, daß wird kommen bald die Zeit, wann man sie wird nehmen trotzdem.

– Wer hat das Geld dann bekommen? Der ungarische Staat?

Nein, das hat der Staat nicht bekommen, das waren so Privatgeschäfter von der Gemeinde, dem Kadicsfalvy.

– Und wer nicht gezahlt hat, wurde deportiert?

Nur wenige haben gezahlt. So hab ich geheert.

– Waren die Juden eigentlich vermögend? Hatten sie Geld oder Gold, um sich freizukaufen?

Keine Spur nit, mein Freind, von Reichtum. Die Juden waren arme Leit, so wie wir. Die, was sich haben kennen freikaufen, das waren einige Kaufleit, solche mit *Gewelber*. Aber der Schuster oder Schneider mit vier oder fimf Kinder, von wo hätt der sollen nehmen das Geld fier den Pápai und die andern *Tschendern*? Der Jud hat nit gemacht Schulden. Wir haben gemacht Schulden beim Jud, immer haben wir gekauft *aaf Porges*, haben gesagt, er soll aufschreiben. Hat er aufgeschrieben, weil hat er kennen schreiben, der Jud. Wer bezahlt hat, hat bezahlt, wer nit hat kinnen, hat getragen ein paar Hehner oder ein Kälbl. So war es. Aber der Jud hat kein Geld geborgt. Und die Juden waren ja arm, sehr arm. Und viele Kinder hatten sie auch. Nicht so viele wie die Zipser, war da eine Frau in Fischthal, ein kleiner Ort, im Wassertal, wanns hinaufgehn links, die hat gehabt einundzwanzig Kinder. Andere hatten zwelf Kinder oder nur zehn. Na, die Juden hatten mehr wie acht Kinder nicht, meist vier, fimf, sechs Kinder waren bei den Juden. Aber hat immer missen sein auch ein Bub; das war sehr wichtig. Der Bub hat fortgefiehrt die Familie, hat gesprochen das Totengebet fier den Vater, wann der ist gestorben. Das war so jiedischer Brauch.

– Woher wißt Ihr Bescheid über das Totengebet, den Kaddisch?

Hat der Hersch immer gesagt, daß braucht er haben einen Sohn, nur einen Sohn hat er sich gewinscht, keine Techter. Aber sein Weib, die Rutka, hat keine Kinder nit haben kennen. Das war sein großer Schmerz.

– Erzählt mir, wie es damals war, als man die Juden ausgehoben hat?

Wie man den ersten Transport *zammstellt* hat, war ich oben im Wassertal zwei Wochen, weil die Klause bei Makerlau hatte ein Riß bekommen, und wir haben missen sie reparieren. Ich hab gewohnt in Mierasch, und wir sind jeden Morgen nach Makerlau gegangen… ich hab nit gesehn, wie man die Juden hat wegfiehrt. Wie ich war zu Hause, hat mir zuerst gesagt der Hersch, was ist passiert. Hab ich ihn getroffen beim Portosch mit dem Wagen, hat er sehr klagt…

– Als man den Hersch im April 1944 ausgehoben hat, wart Ihr damals in Oberwischau?

Nein, war ich mit andern Zipser Arbeitern in Borscha, haben wir Bunker gebaut fier die deitsche Wehrmacht oben am Pjetroß – unter dem deitschen Soldatenfriedhof, wanns weißt, wo das ist.

– Nein, ich war noch nicht dort, aber es ist seltsam, daß der deutsche Soldatenfriedhof neben den deutschen Wehrmachtsbunkern liegt.

Dort sind sehr viele gefallen, waren dort große Kämpfe, wie die Russen sind gekommen.

– Ihr habt also nicht gesehn, wie man die letzten Juden aus Oberwischau abtransportiert hat?

Nein, nicht gesehn, aber geheert hab ich viel, was damals ist passiert.

– Was habt Ihr gehört?

Haben sie alles genommen von den Juden, allen Besitz, haben die Sachen zur Synagoge gebracht, was hat gestanden in der Großen Gasse. Jetzt steht sie noch, aber ich glaub, ist ein *Depozit* drin, weil sind ja keine Juden mehr. Die *Tschender*, der Kadicsfalvy, die andern, was nach uns sind kommen, alle haben gestohlen, wie sie haben kennen. Dann haben sie Spott getrieben mit jiedischen Mädeln, mit zwelfjährigen, mit vierzehnjährigen, mit Frauen, was hatten sich loskauft. Aber jetzt, im Jahr '44, im April hat man schon gewußt, daß wird kommen der *Rußki*. Einige Leit haben gehabt ein Radio, Volksempfänger, hatte der Herr Funkenhauser einige nach Wischau gebracht. Die haben geheert Nachrichten, und man hat gewußt, wo ist die Front. Wir sind im Oktober, am 10., weg aus Wischau

– geflichtet mit die deitschen Truppen... Was ist blieben zurick: auch solche *Tschender*, die haben sich versteckt in die Wälder, waren auch nach dem Krieg noch da, und die haben dann genommen, was sie haben kennen, denn das Derfl und das *Schtetl* waren ja leer...

Alexander Zeppelzauer, *geb. am 2. 2. 1904 in Oberwischau (Vişeu de Sus), gest. am 20. 10. 1974 daselbst. Besuch der deutschen Vierklassenschule in der Zipserreih', anschließend Waldarbeiter, später Flößer, begabter Erzähler von Zipser „Mära" und „Kaßka", die in mehreren Sammlungen veröffentlicht worden sind.*

Tonbandaufnahme (gekürzt) vom 30. Mai 1973.

Es ist ein so großer Schmerz in mir

(Adolf Sedlak)

Uns kinnen mir ßich redn aaf zipserisch odr aaf taitsch, weil i weiß peidi Språchn.

– Redn mir ßich taitsch, wånn wissens khud taitsch reden, weil tes, wås i Eng mecht frågn, ßolln vieli Leit verstehn…

Mein Herr, ich weiß deitsch sprechen wie ein Deitscher, ich hab die deitsche Schul besucht, ich bin ein bißl auch herumgekommen, war in Sigeth, in Bánya, *Neistådt*, hab manches gesehn, viel erlebt, bittscheen, werd ich erzähln von meinem Leben…

– Herr Sedlak, zuerst möchte ich Ihnen einige Fragen stellen. Sie sind 1896 in Oberwischau geboren, haben noch vor dem Ersten Weltkrieg die Schule besucht, und nachher haben Sie einige Zeit als Holzfäller, später aber als Holzschnitzer gearbeitet. Wie sah es in Ihrer Kindheit in Oberwischau aus?

Måj, måj, des ist schon sehr lang her, aber wenn ich zurickdenk, ist alles so wie gestern, denn im Alter, wissens, wird man oder ganz dumm oder ganz *gscheit*. Gott hat mir die *Gscheitheit geben*, aber eines Tages, meglich, ich werd noch dumm. Wann ich schließ die Augen, seh ich meine Kindheit, seh ich das Dorf, wie es war damals. Denn damals war Oberwischau nicht eine Stadt wie jetzt, damals war der Ort ein kleines Dorf – *vor* dem Ersten Weltkrieg! Damals haben gelebt hier nur Zipser, also Deitsche, und Juden, sehr viele Juden. Der Teil, wanns wissen, auf der andern Seite von unserer Kirche, wo hat gestanden der Tempel, der war ganz jiedisch, dort war das *Schtetl*; das war ein jiedischer Ort, dort haben keine Deitschen gewohnt.

– Woher kennen Sie die Bezeichnung „Schtetl“?

Von den Juden! Ich hab ja viele gekannt von ihnen, hatte auch Freinde, gute Freinde, den Awrum, was hatte das *Gewelb* in der Brunnengaß…

– Moment. Erzählen Sie, bitte, zuerst von Ihrer Kindheit. Lebten damals mehr Juden als Deutsche in Oberwischau?

Also die Juden hatten ihr *Schtetl*, das ist der Teil, wo nur sie waren. Die Deitschen und die Zipser Sachsen, die haben gewohnt am Wasser, am Fluß, in der Zipserreih' und im Wassertal. Bei den Deitschen haben aber auch gewohnt Juden, nicht viele, waren aber so dreißig–vierzig Familien in der Zipserreih'.

– Haben auch Deutsche im *Schtetl* gewohnt?

Nein, weil die Juden haben nicht gewollt, daß sollen andre unter ihnen wohnen.

– Was meinen Sie, warum wollten die Juden keine Fremden unter sich haben?

Ich hab einmal gefragt einen jiedischen Freind. Hat er gesagt, sie haben ihre *groiße Schul* dort, die *Klaus*, und wenn sie ihre *Feiertäg farbrengen*, soll niemand dabei sein, kein Fremder.

– Gab es vor dem Ersten Weltkrieg mehr Juden als Deutsche in Oberwischau? Ich habe die Frage schon einmal gestellt?

Das ist schwer zu sagen, weil die ungarische Zählung nicht immer richtig war. Damals gab es in Oberwischau, im Dorf, nur Deitsche und Juden. Bei der Zählung waren aber auf einmal immer auch sehr viele Ungarn da. *Wer sind die vielen Ungarn in Oberwischau?* hat mein Vater den Herrn Pfarrer Wilhelm Komka gefragt. Der hat gesagt, er macht keinen Unterschied zwischen Ungarn und Deitschen, denn vor Gott sind sie alle gleich, wichtig ist, man soll katholisch sein.

– Und wer waren dann tatsächlich die „vielen Ungarn" in Oberwischau?

Ich weiß? Hier waren keine Ungarn! Die „Ungarn" waren auch Zipser!

– Und die Juden?

Die Juden waren Juden! Ich glaub aber, damals waren mehr Juden wie Deutsche hier in Wischau. Denn ist man durch die Große Gasse gegangen oder Am Platzl, hat man nur jiedisch reden geheert...

– Haben Am Platzl auch Juden gewohnt?

Waren einige jiedische Heiser auch dort, aber auch Deitsche haben dort gewohnt. Aber vom Platzl zum Fluß war ja das *Schtetl*, die Judengaß.

– Haben die Juden auch deutsch gesprochen?

Die Juden haben alle Sprachen gewußt, das waren *gscheite Leit.* Mit uns haben sie gesprochen zipserisch oder deitsch, mit den Rumänen rumänisch, mit den Rußnaken rußnakisch, mit den Polen polackisch. Die haben gewußt jedem seine Sprach.

– Gab es auch Deutsche, die Jiddisch verstanden oder auch sprachen?

Viele Zipser haben jiedisch gesprochen, weil diese Sprach ist unserer sehr ähnlich. Wir haben uns gut verstanden mit den Juden.

– Haben Sie auch mit jüdischen Kindern gespielt?

Sehr viel, weil hier an der Mittelwischauer Straße, in der Jägergaß, der Borkutgaß oder Brunnengaß, ieberall waren sehr viele Juden. Und wir haben zusammen gespielt, wenn die *Jiedele* hatten Zeit, wenn die Mutter sie hat gelassen spielen.

– Wie ist das zu verstehn: „wenn die *Jiedele* hatten Zeit"?

Sehns, das ist so: die Judenkinder haben sehr viel missen lernen, die sind schon mit drei Jahren in die *Schul* gegangen. Hatten sie nicht immer Zeit zum spielen. Wir, die Zipser, haben missen arbeiten, lernen nicht – oder wer wollte, hat gelernt, wer nicht wollte, hat nicht gelernt –, aber arbeiten hat jeder missen. Ich hab sehr viel gelernt, weil ich hab wollen lernen, ich hab Biecher gelesen, ich hab studiert, was ich hab kennen, denn ein Holzschnitzer ist ein Kinstler – so hat der Awrum gesagt –: *Pist a groißr Kinschtler, mußt nur viel lernen!*

– Was für Spiele haben Sie mit den jüdischen Kindern gespielt?

Meistens mit dem *Haputsch*; der war aber nicht aus

Gummi, so wie heit, der war aus Fetzen, von der Mutter genäht. Dann noch *Rauber und Schandarm*, *Klepsch* und andre Spiele – so wie heit.

– Wenn die jüdischen Kinder schon mit drei Jahren in die *Schul* gegangen sind, haben sie ja auch mehr gewußt als die Deutschen?

Ja, sie haben kennen lesen und schreiben, sie haben vieles gewußt, was wir nicht gewußt haben, aber uns hat das nicht steert, wir hatten kein Interesse, um zu lernen, zu studieren, das war nichts fier uns. Die studierten Leit in Oberwischau waren nicht Zipser oder Deitsche von hier. Das waren Juden – der Arzt, der Feldscherer – oder Siebenbirger Sachsen – der Apotheker.

– Waren nicht auch die Uhrmacher und Goldschmiede Juden?

Immer Juden. Aber wenige Leit hatten eine Uhr, und die Ringe waren nur aus Silber. Man war damals sehr arm, nicht so wie heit, wo jedes kleine *Marl* goldene Ohrringerl bekommt.

– Was für jüdische Berufe gab es noch in Oberwischau?

Die Juden hatten die *Gewelber* und die *Peisl*, sie waren aber auch Schneider, Schuster, Bäcker, Fleicher, Kirschner, also *Koschokar*, dann Kutscher, Fuhrleit, Träger, Transporteere, Arbeiter im Wald, einige waren Hirten und Bauern, haben sie gezichtet *Schäf*, haben *Brinsn* verkauft.

– Welches waren die deutschen Berufe?

Unsre Leit waren meist Handwerker und Waldarbeiter, also Zimmerleit, Dachdecker, Tischler, Baumeister, Maurer, Brickenbauer, Klausenbauer, Ferster, Waldheger, Fleßner, Holzarbeiter, bei der Bahn waren nur unsre Leit beschäftigt.

– Gab es vielleicht auch einen jüdischen Tischler oder Dachdecker und einen deutschen Schneider?

Ist mir nicht bekannt. Die Deitschen haben nicht kennen machen Kleider, das haben gemacht nur die Juden. Und die Juden haben nicht kennen machen scheene Truhen oder Wäscheladen; das war deitsches Handwerk. Zum Juden in die Lehre sind nur Juden gegangen, zum Zipser nur Zipser. Das war so, jeder hat gehabt sein Handwerk, das hat so funktioniert, wissens?

– Haben Juden und Deutsche gut zusammengelebt? Ich meine, außerhalb der Judengaß und dem sogenannten *Schtetl*?

Da war nichts zwischen uns. Wir haben uns mit den Juden immer sehr gut verstanden. Sie haben gehabt ihre Arbeit, wir unsre, keiner hat den andern gesteert.

– Waren Sie manchmal auch bei jüdischen Familien, zum Beispiel bei Nachbarn, zu Gast?

O, sehr viel. Jede Woche! Na, auch mehr. Wenn die Goldstein-Anna-*Näni*, was hat gewohnt neben uns, *Bejgeles* oder *Chremsln* gebacken hat, hat der Ferike, ihr Bub, mich immer gerufen, soll ich mit ihnen essen. Aber auch am Samstag war ich viel bei den Juden zu Haus, hab mit ihnen gegessen gebratenen Fisch und weißes geflochtenes Brot, gutes Brot. Denn bei uns hat es kein Brot gegeben, oder nur selten, vielleicht am Sonntag. Aber vor dem Ersten Weltkrieg haben die Zipser kein Brot gegessen, das war zu teier, das war Luxus. Die Juden haben auch nur am Sabbat weißes Brot gegessen, das weiß ich. Und man hat gehabt einen sehr großen *Reschpekt* vor dem Brot; das Brot war heilig! Niemand hat damit Tiere gefittert, so wie heit. Das wäre gewesen eine sehr große Sind!

– Am Sabbat gab es aber genug Brot.

Auch nicht so viel, daß man sich konnte satt essen mit Brot. Jedes Kind bekam eine große Schnitte, die der Vater abschnitt vom *Laibl*. Man aß das Brot so, wie man heit Kuchen ißt, langsam und wie etwas besonders, kein *Kriemerl* durfte verlorengehn. Brot war heilig! Das sag ich immer meinen Enkeln, wenn sie aus der Stadt kommen und ihr Brot den Hiehnern geben. *Tes is a Ssind!* ruf ich. Aber meine Tochter sagt: *Mir håbn jå genug Prot, Våttr!*

– Wie haben die Juden ausgesehn? Ich meine, wenn man auf der Straße Juden, Deutschen und Ruthenen begegnete, konnte man die voneinander unterscheiden?

Natierlich. Waren sie sehr verschieden ankleidet – und ieberhaupt!

– Also sie waren verschieden gekleidet. Was verstehn Sie aber unter „und ieberhaupt"?

Ja, haben sie anders ausschaut wie unsre Leit, wie die Rußnaken oder die Walachen. Das Gesicht, das Haar war anders. Wie soll ich das sagen? Die Juden haben feiner ausgeschaut, ich mein, sie hatten so weiße Haut, schmale Gesichter, wenige waren dick, ich mein anfressen, die meisten waren mehr dinn. Dann waren die *Peikles*, die Locken – aber nicht alle hatten Locken bei den Ohren, manche nicht.

– Die Juden hatten „weiße Haut". Und die Fuhrleute, die Lastenträger, die Bauern – hatten die auch „weiße Haut" und „schmale Gesichter"? Die haben doch viel in der Sonne gearbeitet. Wie konnten die dann so „fein" aussehn?

Ja die?! Die haben ja so ausgeschaut wie unsre Leit, das waren ja Arbeiter – stark und mit großen Händen. Unter diesen hat es gegeben sehr große Leit, sehr starke. War einer, hat geheißen Aaron Klein, der war vielleicht zwei Meter groß, der hat tragen kennen ein junges *Kälbl*, oder mit jeder Hand einen Sack *Krumpirn.*

– Und der Klein hat auch so ausgesehn wie ein Jude?

Der hat auch so ausgeschaut, weil er war anders kleidet wie unsre Leit. Und unsre Leit waren anders kleidet wie die Rußnaken und die Walachen. Da war der Unterschied, wissens?

– Wie kleideten sich die Oberwischauer Juden?

Sie hatten *a schwårzn Schubitze*, oder man hat auch gesagt Chalatt; im Sommer hat man gesagt *Challat*, weil war der dinner. Dann haben sie getragen immer a schwårzn Hut, oder *a Pelzmitzn* im Winter, hat man gesagt *Schtreimel.* Aber diese *Mitzn* haben getragen nur die Juden, was waren reicher, die was hatten ein *Gewelb.* Die Fuhrleit, die Bauern haben getragen *a Kuschma*, so wie die rußnakischen Bauern, die waren arm, weil *a Schtreimel*, wissens, war aus sehr gutem Pelz, das war was besonders.

– Gingen sie während des Sommers auch barfuß, wie die andern armen Leute hier im Tal?

Nein, der Jud ist nicht barfuß gegangen. Seine Schuh

waren schlecht oder geflickt, aber ich erinner mich so, daß der Jud ist nich barfuß gegangen. Die Kinder ja, die kleinen *Jiedele*, mit denen ich gespielt hab, die sind so herumlaufen wie wir. Da war kein Unterschied, die waren so wie wir.

– Außer daß sie *Peikles* trugen.

Ja, die Kinder hatten bald alle, so wie ich mich erinner, *Peikles*. Aber wen hat das gesteert? So waren die Judenkinder – mit *Peikles*.

– Die jüdischen Lastträger und Arbeiter haben doch sicher keine *Schubitze* – was eine Art Kaftan ist – getragen. Wie waren die gekleidet?

Also alle, die schwer gearbeitet haben, die Träger, die Fuhrleit und die andern, die haben getragen im Sommer ein Hemd, so wie unsre Leit, ohne Kragen, und darieber eine *Westl*, ohne Ärmel. Die *Westl* hat so warm gehalten wie ein Rock. An den Fieß hatten manche schwarze Stiefel, aber das waren mehr Fuhrleit.

– Wie sahen die jüdischen Mädchen und Frauen aus?

Die *Marln* waren scheen, so wie unsre. Es waren solche mit schwarzem Haar, andre waren blond, braun, einige hatten rotes Haar. Die meisten jiedischen *Marln* waren scheen, und sie waren sehr behietet von ihrer Familie. Ein jiedisches *Marl* hat nicht dierfen so herumgehn wie ein deitsches. Da hat die Mutter immer sehr aufgepaßt, was die macht. Aber später, wenn die geheiratet haben, sind sie geworden auch so wie die Zipserinnen – ein bißchen stark, ich mein dick. Das ist bei allen Frauen so, sehns, meine Tochter, die Reßku, als junges *Marl* war sie scheen wie eine Puppe – man hat gesagt: *Tie Reßku is scheen wie a Tockn* –, und wie sie hat geheiratet, sind die Kinder gekommen, erst eins, dann noch eins, und jetzt schaut sie so aus, wie eine Frau ausschaut, ein wenig sehr stark hier herum, das Gesicht rund, und schwerer ist sie auch geworden, sehr viel schwerer. So war es auch mit der Tochter von der Anna-*Näni*, der Fini, die Schwester vom Feri, das war ein so scheenes Kind, ich hab die geliebt, die war sehr scheen, hatte sie schwarzes Haar, ganz weiße reine Haut, und hatte sie griene Augen, wie eine Katz, und mit sechzehn hat sie geheiratet, und nach einem Jahr war sie schon sehr stark und hat gehabt einen dicken Bauch. Na, arme Fini, du scheenes Kind, was hat der Seppi mit dir gemacht, hab ich gedacht. Das war so im Jahr '16 oder '18; es war noch Krieg, und die Maramuresch hat geheert zu Ungarn. Ein Jahr lang war ich Soldat...

– Wie waren die Mädchen und Frauen gekleidet?

Die *Marln* so wie unsrige, mit *a Klaadl*, *a Plusrl*, *Strimpf*, *Schuch* – wer hatte *Schuch*, aber im Sommer sind wir Kinder ja alle barfuß gegangen –, im Winter *a Mantele*, so wie die unsrigen Marln. Die Frauen, die alten Jiedinnen, die haben noch zu meiner Zeit, also wie ich war ein Kind, *a Haube* und *a Schterntichl* getragen. Das *Schterntichl* von der Anna-*Näni*, erinner ich mich noch, war scheen gestickt mit Perln. Aber das hat sie getragen nur, wenn sie ist gegangen in den Tempel, sonst hat sie getragen wie die Zipser Frauen *a Haapttichl*. Eine jiedische Frau hat so ausgesehn wie eine deitsche Frau. Manchmal hat man sie nicht kennen unterscheiden.

– Hätten Sie eine Jüdin geheiratet?

Mir haben viele jüdische Marln gefallen, aber heiraten hätte ich keine dierfen, weil das war sozusagen verboten.

– Was heißt „sozusagen verboten"?

Der Pfarrer hätte das nicht erlaubt, wissens, mich hat noch getauft, mir die Erstkommunion gegeben und gefirmt der Pfarrer Hungreder – ich weiß nicht, ob Sie gehört haben von ihm, nach ihm ist gekommen der Pfarrer Komka, Wilhelm Komka –, und der Pfarrer war dagegen, daß man sich *vermengt* mit den Juden, wissens, so was geht nicht, hat er gesagt...

– Georg Hungreder hat bis 1910 in Oberwischau amtiert, nach ihm kamen die Pfarrer Komka, Barany, Baumgartner – von 1931 bis 1944 –, dann nach 1945 Martin Tempfli, Laurentius Gellert, Wilhelm Tom. Hungreder war, soviel ich weiß, der einzige katholische Pfarrer, der sich um die deutsche Schule in Oberwischau gekümmert hat. Von Baumgartner heißt es zum Beispiel, daß er nur ungarisch gepredigt hat. Stimmt das?

Die waren alle madjarisch eingestellt. Die haben sich nicht interessiert um unsre Sprache, um unsre Probleme, das waren *Madjaronen*. Auch in der Zeit, wie die Ungarn hier waren, zwischen den Jahren '40 und '44, damals war ja Ungarn verbindet mit dem Deitschen Reich, alles war damals sehr deitsch eingestellt – auch die Rußnaken waren mehr fier die Deitschen. Aber die Pfarrer, Gott verzeih mir die Sind, die waren immer gegen das deitsche Volk hier im Tal. Das kann jeder sagen, den Sie fragen wollen.

– Gab es aber Verbindungen zwischen Juden und Deutschen, zwischen Jüdinnen und Deutschen?

Sie meinen, daß welche sind *zammkummen*, ohne legal verheiratet zu sein, so *a wildi Lieb*?

– Ja, so *a wildi Lieb*! Hat es das gegeben?

Das hat es gegeben! Ich bin ein alter Mann, ich hab viele solche Sachen gesehn. War eine scheene junge deitsche *Wittwin*, hat sie gehabt *awas* mit dem Jud vom *Gewelb* oder mit dem Nachbarn, was war auch Witwer. So was ist immer wieder vorkommen, daß der eine ist gegangen zum andern. Aber vor der Ehe haben die jiedischen *Marln* sich nicht *rumpuckt*, das war unmeeglich, weil die haben missen heiraten schon mit dreizehn-vierzehn Jahren, und da waren die noch sauber, da waren alle noch Jungfrauen, das kennens mir glauben.

– Gab es auch Kinder, die aus einer *wilden Lieb* entstammten?

Gab es welche, wo man hat gewußt: das ist ein *Manser* von einem Jud, das ist von einem Rußnaken. Manche hat man weggegeben von zu Haus, andre hat man gegeben zu einer Großmutter ins Fischtal, nach Mittelwischau, na, anderswohin, wo man nicht hat gewußt, wem ist das Kind.

– Hat es mehr jüdische oder mehr deutsche *Manser* gegeben?

Also, glaubens mir, jiedische *Manser* hats nicht gegeben. Eine jiedische Frau hat, wenn sie was hat gehabt mit jemandem, sehr aufgepaßt, daß soll nichts passieren, weil das wär gewesen eine sehr große Schande. Die Jiedinnen haben sehr gesorgt auf ihren guten Ruf.

– Und die deutschen Frauen nicht?

Auch, auch! Aber da ist es eben mehrmals passiert, das weiß ich. Warum die einen haben mehr *Manser* gehabt und die andern nicht, weiß ich nicht. Aber es war so, wie ich Ihnen sag.

– Und die Rutheninnen? Haben die auch *Manser* bekommen?

Bei denen hats gegeben nur *wildi Lieb*, die haben alle *Manser* gehabt. Jeder Waldarbeiter hatte welche rußnakischen *Manser*. Das war schon so.

– Haben auch Sie rußnakische Kinder? Die müßten jetzt schon groß sein.

Kennens mir glauben, ich hab nichts gehabt mit *Rußnatschki*. Was ich hab gehabt – meine Frau lebt nicht mehr, Gott wird es mir verzeihn –, das war nur mit deitschen Frauen, mit Jiedinnen, was waren allein, *Wittwinnen*, alle scheen, sauber. Mit den andern, na, na, dankscheen, *des prauch i nit*! Aber unsre Freindschaft ist futsch, mein lieber Herr, wenn Sie das legen in ein Buch. Was wir hier reden, das ist von Mann zu Mann. Das ist nicht fier die Welt, die Leit von draußen, was dann sagen werden: *ter ålti Zwetschkesch wår a Bock!*

– Es bleibt unter uns. Waren Sie auch auf jüdischen Festen?

Auf vielen Festen, ich war als *Matschkaraner* am *Purim* im Hof der Schul beim Tempel. Dort hab ich getanzt, gesungen, es war sehr lustig. Waren auch andre Zipser Kinder dort, so aus Spaß. Später sind wir dann nicht mehr hingegangen.

– Wann später, und warum nicht?

Der Herr Pfarrer Komka hat gesagt, wir haben nichts zu suchen bei den Juden.

– Waren Sie auch auf einem anderen jüdischen Fest?

Das ist vor langer Zeit gewesen, und Juden gibt es ja keine mehr, die sind alle tot oder wegzogen, ich kann mich nicht mehr so gut erinnern... Ja, ich war auf der Hochzeit von der Fini, da hab ich getanzt *Mitzwa*. Die Fini hatte ein *Tichl* in der Hand, und am *Tichl* hab ich sie gehalten, denn beim Tanz hat man die Braut nicht angreifen dierfen. Das war verboten. Aber mit mir hat sie länger getanzt, das hab ich gemerkt.

– Haben Sie die Fini Goldstein geliebt? Ich meine, war das eine Art Jugendliebe?

Jugendliebe? In meiner Jugend war ich im Wald, hab gearbeitet im Holzschlag. Ich hab sie geliebt, wie ich war ein Kind, ein kleiner Knabe, so zehn Jahre alt. Dann hat sie geheiratet mit sechzehn Jahren den Reib – ich glaub, er hat geheißen Reib –, der war aus Sigeth, und bald ist gekommen das erste Kind, dann das zweite, und mit zwanzig war die schöne Fini eine dicke Frau wie alle andern. Schad war es um sie, aber jede Frau ist so geworden, da konnte sie nichts machen.

– Wie haben die Juden geheißen, die in Ihrer Nachbarschaft wohnten?

Måj, måj, da muß ich *kleeren* – so haben die Juden gesagt, wenn sie was *pastudiert* haben –, wer weiß noch, wie die Juden geheißen haben, denn das ist schon alles vergessen. Wissens, drieben wohnt ein Rumäne, ist herkommen von anderswo. Er wohnt in einem Haus. Jetzt, im Sommer, hat er die *Kuchl*, die *Kichn*, greeßer gemacht, hat eine Wand abtragen missen, und da hat er gesagt: *Vai, ce zid gros, aşe casă bătrîna!* Hab ich ihm gesagt: *Aia este casă de jidani, acolo au stat jidani înainte de război.* Hat er geantwortet: *La Vişeu nu au stat jidani! Aici au fost todeauna numai români şi cîţiva niemţi!* So hat er gesagt, und ich hab mir gehalten den Mund. Soll ich mich streiten? Fier was?!

– Erinnern Sie sich an die jüdischen Namen aus Ihrer Nachbarschaft?

Wartens, wartens, sie kommen mir schon ein... In dem Haus, wo der Walach wohnt, hat gewohnt zuerst der Lebewitsch – wie er sich geschrieben hat, weiß ich nicht –, dann waren drieben der Wolfleib, Silberherz, Sternheld, dann Lehner – nicht Lahner, die waren Deitsche –, dann Taub, Vogel, dann dem Feri seine Familie, Goldstein – der Vater war gestorben, war er Fuhrmann, und der Wagen ist einmal umkippt, beladen mit Holz, hat es ihn erdrickt, die Brust *zammtrickt*, er war gleich tot –, dann Awrum, Leib, Moskwitz – der Moskwitz war Waldarbeiter, oben in Feinen, in Makerlau, dort hat er gearbeitet, der Awrum hatte gehabt ein *Gewelb*... dann war der Doktor Steingießer, der Friedmann, na, waren noch viele, zuletzt *fimftausend* Seelen oder mehr, aber jetzt sind keine mehr.

– Es gibt noch fünf Familien: Kaufmann, Schmucker, Preisler, Glück und Friedmann, etwa zwölf Einwohner.

Welcher Friedmann? Der Direktor vom Forstbetrieb?

– Nein, der Schafhirte Friedmann, der die Witwe Baila Rosenberg geheiratet hat.

Der Mosche! Kenn ich, wußte nicht, daß er ist ein Jud, ein jiedischer Schafhirt! Es hat ja gegeben auch jiedische Bauern, arme Leit, mit vielen Kindern...

– Was ist dann aus der Fini und dem Feri Goldstein geworden? Leben sie noch?

Nein, alle tot. Sie, ihre Kinder, alle. Die Anna-*Näni* ist noch viel frieher gestorben. Hat sie gearbeitet einige Zeit beim Awrum im *Gewelb*. Die andern, die hat man deportiert im Jahr '42, nach Auschwitz, Schachendorf, ich weiß... Ich war schon achtundvierzig Jahre alt, also zu alt fier den Krieg, Gott sei Dank, aber die Fini und ihren Mann, ihre Kinder, einen Bub und ein Mädele, den Feri, sein Frau und ihre Schwestern, alle haben sie schon beim ersten Transport fortschafft. Wir haben missen zuschaun, wir konnten nichts machen, denn das Militär war ja hier, die ungarische Polizei, da hatten alle Leit große Angst. Und dann sind noch gekommen aus Sigeth die *Nyilasch*-Leit, die waren scharfe Hunde, da hat ein gewehnlicher Mensch nichts machen kennen, glaubens mir. Ich hab nur wollen retten dem Feri sein Sohn, der kleine Sohn hat geheißen Joschi, hatte sich versteckt im Wald bei Batoja, das ist oberhalb von Mittelwischau. Da ist er gekommen am Abend spät, auch in der Nacht, vom Tschunkaberg herunter, hat geklopft ans Fenster, ganz leise. Zuerst hab ich gedacht, es ist die Katz, dann hab ich aufmacht. Draußen ist gestanden der arme Bub, er war damals so zwanzig Jahre, hat gezittert wie ein Blatt im Wind, war weiß im Gesicht, hat gesagt: *Nemmt mich zu Eich in tie Kuchl, Adolf-Batschi, ßoll i mich a wenig ånwärmen.* Ich hab ihn hereinlassen ins Haus, hab ihm gegeben einen Pelz, *Koschok*. Dann hat er sich satt gegessen, und ich hab ihm gegeben noch eine *Pinkel* mit Essen, Brot, Käse, ein Stick Butter, Hiehnerfleisch – aber das hat er nicht genommen, war nicht *koscher*, hat er gesagt –, na, gut, hab ich ihm gegeben noch *Kuhkaas*. Der arme Bub ist dann noch gekommen, immer in der Nacht, hat ganz leise ans Fenster geklopft, so, nur mit dem Finger. Wenn ich hab geschlafen, hab ich ihn lange Zeit nicht geheert, dann bin ich aufgewacht und hab ihn hereingelassen. Ich hab geschlafen in der *Kuchl*, meine Frau in der Stuben, damit nur ich mit ihm sprech. Sie hat aber gewußt vom Joschi, vom Jossele.

– Hat er sich retten können?

Das ist es: ich weiß nicht! Er war gewesen dreimal-viermal bei mir in der Nacht, er hatte wollen hinieber nach Siebenbirgen, von dort nach Rumänien, nach Bukarest. Er hat gesagt, in Bukarest kann man ihn nicht fangen, weil das ist eine sehr große Stadt. Aber ich weiß nicht, ob er hat ieberlebt, denn später hab ich nie mehr was von ihm geheert. Von den andern hat man erzählt, aber schon nach dem Krieg, daß sie sind alle gestorben im Lager.

– Im Jahr 1940, am 30. August, wurde die Maramuresch, zusammen mit Nordsiebenbürgen, von Rumänien abgetrennt und Ungarn zugesprochen. Was geschah dann in Oberwischau und im Wischauer Land?

Wissens, es ist leicht, fragen, fragen, aber ich muß antworten, das heißt, ich will Ihnen antworten, und nachher kommen die Leit und die von der Miliz und ich werd haben Probleme – nicht Sie, denn Sie sind von Bukarest, ein Schriftsteller, Ihnen tut niemand nichts, aber wir werden hier gefragt, was wir erzählt haben, was nicht, und dann geht das so, eine Woche, zwei Wochen, ein Monat... Immer wieder kommt der Major Gheorghe und fragt und fragt. Ich weiß nicht, was soll ich Ihnen sagen ...

– Wieso haben Sie „Probleme“, wenn Sie mir etwas über die Zeit von 1940 bis 1944/45 erzählen?

Es ist nicht „die Zeit“, es sind die Juden! Ieber die Juden soll man nicht mehr reden! Laßt die Toten ruhn, es hat sie gegeben, sie sind weg, vergessen. Warum wollt ihr sie ausgraben? So wird man mich fragen. Was hat das fier einen Sinn? Ich bin ein alter Mann, mein lieber Herr, ich bin Pferdlschnitzer, Kienstler, die Leit heißen mich Zwetschkesch, weil sie sagen, ich trink gern ein Glaserl *Zwetschkenpali.* Gut, ich trink ein Glaserl, ich trink zwei, aber ist das eine Sind? Das ist nichts gegen das Gesetz. Aber wenn ich red mit Ihnen ieber die Juden, und ich hab geredet schon den ganzen Vormittag, dann ist das vielleicht eine Sind, weil es werden kommen der Major Gheorghe und andre, und die werden mich *kujonieren*, wissens, und ich kann das nicht aushalten, ich hab nicht mehr die Kräfte wie frieher – bin ich schon neinundsiebzig Jahre. Im nächsten werd ich achtzig, und wenn Gott will, leb ich noch ein bisserl...

– Ich möchte nicht, daß Sie „Probleme" haben, weil Sie mir einiges über die Juden erzählt haben.

Sehns, ich erzähl Ihnen noch, aber es muß bleiben unter uns. Wenn der Gheorghe mich hinruft, ich werd sagen, Sie haben sich interessiert ieber meine Schnitzerei. Das ist alles!

– Ich werde über Sie und Ihre Schaukelpferdl einen Aufsatz in der Zeitschrift „Volk und Kultur" veröffentlichen. Die schicke ich Ihnen zu, und wenn jemand kommt, zeigen Sie die Zeitschrift.

Wenn ich einmal tot bin, kennens alles in einem Buch schreiben, das interessiert mich dann nicht mehr, dann hab ich „andre Probleme", denn unser Herrgott richtet die Menschen langsam. Man muß lange warten, bis man kommt an die Reihe, bis der Hohe Richter einen anheert und fragt, warum man dies und das gemacht hat...

– Sie haben wenigstens versucht, einen Juden zu retten, obwohl Sie nicht wissen, ob der arme Kerl tatsächlich der Deportation entkommen ist. Andere Oberwischauer haben stillschweigend zugesehn, wie man die Juden weggeführt hat.

Weggefiehrt ist scheen gesagt. Man hat sie *zammtrieben*, wie das Vieh von der Weide, man hat sie geschlagen, gepriegelt, mit den jungen Frauen haben sie Spott getrieben...

– Wer hat die Juden *zammtrieben*?

Das Militär, die Soldaten, und dann waren auch die Polizisten da; wir haben gesagt *Tschender.* Alle sind ausrickt und haben die Juden aus den Heisern gejagt, auf sie geschlagen... alle haben zuerst missen wohnen im Ghetto, was war dort um die Judengasse, die Judengaß. Pletzlich war ein großer Haß gegen die Juden. Man hat gesagt, die Juden sind „keine Menschen", man muß sie „ausrotten"...

– Wer hat das gesagt?

Na, einige Leit.

– Wer waren diese „Leit"?

Ich will keine Namen sagen, einige leben noch...

– Und wie hat der Haß gegen die Juden begonnen? Sie haben doch bis zum Jahr '40 in guter Nachbarschaft gelebt, waren bei ihren Festen dabei, haben „Mitzwa" getanzt. Da gab es doch keinen Haß, keine Feindschaft!

Das war die gute alte Zeit, wie man scheen sagt. Das war die Zeit *vor* dem Hitler. Da hat es ieberhaupt keinen Haß gegeben, niemand hat etwas gegen den andern gehabt. Ja, einmal mecht schon der eine den andern *angeflucht* haben, wie das so unter den Menschen ist, auch geschlagen hat man sich – aber das war ganz normal, denn auch Brieder haben Streit miteinander, dann fremde Menschen.

– Haben sich auch Juden und Deutsche „anflucht" oder „geschlagen"?

Anflucht meglich, geschlagen nicht, weil die Juden haben sich nicht geschlagen, die haben bei einem Streit immer sehr lang *palavert,* so lang, bis der, was sich streiten wollte, ist friedlich geworden. Die Juden haben gut reden kennen, das war ihre Waffe. Die Deitschen, die haben sich gleich geschlagen, und so haben sie ihre Probleme erledigt. Na, jeder mit seinem Temperament.

– Wenn Juden und Deutsche sich nie „geschlagen" haben, woher kam dann plötzlich dieser Haß?

Der Haß war da mit dem Hitler.

– Was hatte Hitler mit Oberwischau in der Maramuresch zu tun?

Nicht der Hitler ist herkommen, sondern die *Nyilasch,* die Leit von der Volksgruppe... Sie wissen wer. Das erste, was ich geheert hab, von den neien Herrn im Jahr '40, das war im September, und ich bin mit meiner Frau vom Weintal gekommen, wir hatten einen großen Sack *Gjäbe* gesammelt, fier den Winter, zum Trocknen. Da sind dort bei der Bricke, wo die Station ist, ein paar *Nyilasch*-Leit gestanden, und wie wir sind vorbeigekommen, wir haben ja zipserisch geredet, sagt der eine: *Néz meg a bűdős czipszerek!* Dann nachher hat es immer geheißen: *bűdős czipszer, bűdős zsidó, bűdős olah!* Alle waren stinkig, nur stinkiges Volk hat hier im Tal gelebt... Damals hat begonnen der Haß gegen die Zipser, gegen die Juden, gegen die andern Leit.

– Wenn ein paar Faschisten die Juden beschimpft haben, hat das dann bei der Gesamtbevölkerung plötzlich Haß ausgelöst? Ich kann das nicht ganz verstehn!

Nicht bei der Gesamtbevelkerung, die haben ja zuerst gar nicht gewußt, wer der Hitler ist und wo das Deitsche Reich liegt, die haben gar nichts gewußt. Nur einige Leit haben pletzlich so einen Haß, a *richtigi Gåål*, sagen die Zipser, gegen die Juden gehabt.

– Aber warum? Nur weil jemand behauptet hat, die Juden würden stinken?

Es war nicht nur das *Bűdős zsidó*, was man immer geheert hat, es war auch der Haß von einigen Leiten, die mit der Volksgruppe zusammengearbeitet haben – Zipser von hier.

– Und warum haben die plötzlich die Juden gehaßt?

Das waren Leit, was zum Hitler hielten, na, Volksdeitsche.

– Volksdeutsche waren doch alle, die hier im Wassertal wohnten.

Ja, aber das waren die echten Deitschen. Einer hat geheißen Schkurka-Emu, der ist eines Tages hier vorbeigekommen, durch die Jägergaß hat er gehn wollen auf den Tschunka. Na, wie er mich sieht, ich hab am Zaun repariert, hebt er die Hand und ruft zu mir: *Heil Hitler, Adolf-Batschi!* Ich hab zuerst gar nit verstanden, was der hat gesagt, ich hab nur verstanden das Wort Hitler. Hab ich mir gedacht: *Wås mecht der vom Hitler?* Ist wås passiert mit dem Hitler? Oder wås? Der hebt noch einmal die Hand und ruft: *Heil Hitler!* Ich ruf zurick: *Grieß dich,*

Emu! Servus! Hat er mich nicht mehr angeschaut, und ich hab gedacht: *Geh zum Fondi seiner Mutter!*

– Und warum haben Sie nicht auch „Heil Hitler" gesagt?

Sehns, das hab ich nicht kennen, das ist nicht gegangen. Na, mir hat das nicht gefallen, weil die Leit, was so grießt haben, die haben auch gehabt den Haß gegen die Juden.

– Mit dem Heil-Hitler kam also auch der Haß gegen die Juden? Oder war zuerst der Haß da und dann der Heil-Hitler?

Bis zum Hitler hat es keinen Haß gegeben, und auch *bű-dős czipszer* hat niemand gesagt. Jeder hat sich nach seiner Arbeit geschaut. Manchmal haben wir uns gezankt, aber *a schårfi Gåål*, wie wir sagen, war nicht vorhanden. Warum auch soll sie gewesen sein? Es hatte kein Jud was getan! Das waren ja Leit wie wir, arm, gut und schlecht, manche nicht so fleißig, andre sehr fleißig, na, so wie die Menschen sind. Unser Herrgott hat sie ja nicht alle gleich gemacht.

– Und plötzlich war da *a schårfi Gåål*?

Nicht so pletzlich. Hat es gedauert ein-zwei Jahre. Zuerst sind kommen irgendwelche *Nyilasch*, dann sind kommen verschiedene Leit von Sathmar, von Großkarol, aus Siebenbirgen sind Leit kommen, aus Deitschland sind junge Leit kommen vor dem Jahr '40. Alle haben was erzählt vom Hitler. Im Jahr '40 kam dann ein Sathmarschwab aus Gilwatsch, Karl Funkenhauser. Auch der war gegen die Juden!

– Diese Leute also waren alle „gegen die Juden". Die deutsche Bevölkerung aber hatte ja vorher nichts „gegen die Juden" gehabt. Wieso hörten die dann plötzlich auf das, was ihnen irgendwelche Fremden erzählten?

Sie sagen „irgendwelche Fremde", aber das war nicht so, das waren nicht „irgendwelche", das waren studierte Leit, *gscheite* Menschen. Und unsre Leit waren ohne Schulbildung, oder sie konnten nicht gut lesen und schreiben, also einfaches Volk, Waldarbeiter, Fleßer. Und da kommen auf einmal welche von anderswo, Deitsche, und erzählen so scheen vom Herrn Hitler, und reden schlecht von den Juden. Ja, mancher heert hin, mancher nicht, aber dem einen gefällt es, was die sagen, und weil es ihm gefällt, sagt er es auch: *Heil Hitler* und *Judas verreck*.

– Wer hat gesagt *Judas verreck*?

Auch der Schkurka, und dann die andern. Ich nenn aber keine Namen. Schkurka ist gestorben, der kann mich nicht mehr heeren, Gott mit ihm.

– Und Pfarrer Alois Baumgartner, der bis zur Flucht, 1944, hier amtiert hat, war der auch „gegen die Juden"?

Der war nicht gegen und nicht dafier, der war ein *Madjarone*, mit der Kirche, mehr nicht. Den hat das nicht interessiert, was mit den Juden passiert.

– Ich kann das wirklich nicht verstehn. Aus Oberwischau wurden zwischen 1942 und 1944 über fünftausend Juden „wie das Vieh von der Weide" zusammengetrieben und in Viehwagen abtransportiert. Und der Pfarrer hat dazu überhaupt keinerlei Stellung genommen?

Wie Stellung?

– Er hat nichts gesagt? Er war nur „mit der Kirche"? Ist das alles?

Das ist alles. Das waren ja keine Menschen, was die Juden fortfiehrt haben, dies Militär, die Polizisten. Wie die in die Leit geschlagen haben. Das kennens sich nicht vorstellen... Da hat drieben ums Eck gewohnt der Lebe, Lebewitsch, war er so bei vierzig, sein Weib aber war noch sehr jung, hatte sie vielleicht dreißig Jahre, ein sehr scheenes Weib. Hatten sie eine Tochter, die Tilli, auch sehr scheen, aber noch ein Kind – so, vierzehn mecht sie gewesen sein. Wie sie hin sind gekommen...

– Wer?

Die Soldaten! Haben sie mitnehmen wollen auch die Tochter – es war im Jahr '42 –, hat der Lebe ihnen gegeben viel Geld, alles, was er hatte, damit sie die Tochter dort lassen, allein im Haus. Hat er immer gerufen, auf madjarisch: *Wir kommen, wir kommen mit eich, aber laßt mir das Kind hier! Laßt die Kleine hier, soll sie bleiben zu Haus!* – Na, die haben genommen, was er ihnen hat gegeben, haben die beiden Eltern wegtrieben und nach einer Stund sind sie wiedergekommen. Jetzt war die Tilli allein im

Haus. Sie sind in die Stuben hinein – die Langthaler-*Näni* hats gesehn –, und niemand hat nichts geheert. Nach einer halben Stund sind sie wieder gegangen. Hatten sie Spott getrieben mit der kleinen Tilli, noch ein Kind, hatte vielleicht vierzehn Jahre, mehr nicht, vielleicht weniger. Nach einiger Zeit ist die Langthaler-*Näni* hingegangen, soll sie schaun, was ist mit der Tilli. Aber die war schon tot. Hatte sich aufgehängt!

– Warum hat die Langthaler-Näni nicht die Nachbarn alarmiert, als sie die beiden Soldaten ins Haus gehn sah?

War niemand da von den Nachbarn. Das war am Vormittag, die Leit hier waren am Feld, ich war oben im Wald, die Frau war allein, hatte sie *Ängstn* vor den Soldaten, denn die haben ja nicht gespaßt, die hätten sie wie einen Hasen erschossen, das war fier die kein Problem, eine alte *Wittwin* zu erschießen oder totzuschlagen, glaubens mir.

– Was ist dann mit der Tilli geschehn?

Die habens abgeschnitten, und begraben habens das arme Kind am Judenfriedhof, oben am Judenbergl. Die Polizei ist gekommen, auch solche Leit, haben gefragt, ob jemand was hat gesehn. Na, niemand hatte was gesehn, dann hat man gesagt: *Die Tilli hat sich aufgehängt, weil man ihre Eltern hat wegschafft.* Schluß!

– Wie hat man dann doch erfahren, daß die Langthaler-Näni einzige Zeugin dieses Verbrechens war?

Sie hat es einmal gesagt, aber das war schon nach dem Krieg. Da hat sie gesagt, daß die zwei ungarischen Soldaten haben Spott getrieben mit der Tilli, und die hat sich dann umgebracht.

– Wem hat sie das gesagt?

Den Leiten hier, denn dann konnte man das sagen – die *Marmarosch* war ja wieder bei Rumänien, dann konnte man sagen, was die andern gemacht haben.

– Gab es noch solche Fälle wie jener der Tilli Lebewitsch?

Es gab noch, die Leit haben noch solche Sachen erzählt, aber die andern *Marln*, mit denen man hat Spott getrieben, hab ich nicht gekannt.

– Man konnte also ein jüdisches Mädchen so ohne weiteres vergewaltigen, ohne dabei bestraft zu werden?

Wer hätte sollen bestrafen? Die Horthysoldaten? Die waren es ja selber, die genommen haben, was sie konnten, aus den Heisern und von drieben, von der *Schul*, aus den *Gewelben*, den Geschäften der Juden. Die haben sich ja so bedient wie zu Hause in der eigenen *Kuchl*. Da hat niemand nichts gesagt, glaubens mir. Und die Leit hatten ja solche Angst, da hat niemand sich getraut, was zu sagen oder zu machen.

– Jeder konnte sich also bedienen „wie in der eigenen Kuchl". Und was geschah dann mit den jüdischen Häusern – es gab ja ganze Gassen, wo nur oder beinahe nur Juden wohnten –, wer ist dort eingezogen? Oder blieben die Häuser leer?

Manche blieben leer, aber nicht lang, in andern waren noch Leit drin, wie bei der Tilli...

– Ja richtig. Die Tilli war, nach der Verhaftung der Eltern, nur noch eine Stunde lang lebend in ihrem Haus. Wer ist dann nachher dort eingezogen?

Zuerst niemand, weil die Leit haben ja Angst vor Heisern, wo jemand einen unglicklichen Tod hatte, wissens, da sagen sie: der *Totenschratt* kommt... Aber nach sechs Monaten ist ein Rumäne dort eingezogen, einer aus Săcel. Dem hat dann das Haus geheert...

– Und die andern Häuser?

Dort sind auch Leit von anderswo einzogen, keine Zipser, einige Rußnaken, oben im Tal, aber sonst mehr Rumänen – aus Moisei, aus Borscha, Săcel, Leordin, Rußkowa.

– War Moisei nicht ein jüdisches Dorf? Dort soll es kaum Rumänen gegeben haben.

Ja, Mosesdorf war fast ein nur jiedischer Ort, ich war mehrmals dort, hab dort *Schauklpferdl* verkauft einem Juden, der ein *Gewelb* hatte. Und *Holztocken* hab ich verkauft, auch dem Juden, Spielzeig fier die Kinder. Da waren nur Juden, im Teil, was an der Wischau liegt; drieben, gegen Săcel, unter der Măgura Mare, da waren auch rumänische Heefe, Bauernheefe, und weiter zu Siebenbirgen zu waren wieder mehr Juden: Rommeln, Fiad, Teltsch – alles jiedische Derfer, wenig Rumänen, keine Deitschen, keine Ungarn. Also die von Mosesdorf, die Rumänen, sind gekommen von unter den Bergen, sie haben bekommen die jiedischen Heiser...

– Wurde nach dem letzten Transport auch der Tempel, die *Schul*, geplündert, oder haben sich vorher schon irgendwelche Leute dort „bedient wie in der eigenen Kuchl"?

Bei der *Schul* war der ganze jiedische Besitz deponiert worden. Ja, außer Uhren, Schmuck, Geld und solche Sachen – die hatte man ihnen schon vorher genommen, wie man sie ausgehoben hatte. Ich mein, wie man die Juden ausgehoben hatte, da ist schon vieles weggenommen worden. Was dann bei der *Schul* deponiert war, ist nachher verschwunden.

– Wann „nachher"?

Nach der Flucht der Zipser aus Oberwischau, also nach dem Oktober '44. Da war unser Ort leer, alle waren weg – die Juden, die Deitschen –, da konnte man sich ruhig bedienen.

– Und wer hat sich dann „ruhig bedient"?

Ich weiß nicht, ich war ja nicht hier, ich hab nichts gesehn, war weg in Schlesien. Aber wer nicht weggezogen ist, der hat sich kennen bedienen... War ja kein Militär mehr hier, war niemand, keine Polizei, nichts, alles leer. Die, was hierblieben sind, konnten machen, was sie wollen... Aber fragens andre Leit, wer das war; ich red darieber nicht, weil ich war *auf* Schlesien, geflichtet.

– Wußte man in Oberwischau, daß die Juden in ein Konzentrationslager deportiert werden?

Man hat damals nicht genau gewußt, was mit ihnen sein wird, das kennens mir glauben. Nach dem Krieg haben die Juden, was zurickkommen sind, gesagt, sie waren in Bromberg, Branow, Schachendorf, Auschwitz...

– Woher wissen Sie diese Namen?

Na, im Jahr '46 hab ich mich immer interessiert, nach unsern Nachbarn, nach den Juden, was hab ich gut gekannt, und da hab ich immer diese Namen von den Orten geheert.

– Noch 1968 habe ich mit Baila Rosenberg und Mendel (Mosche) Friedmann gesprochen; die wohnen auch heute noch in der Judengaß. Die Baila wurde zusammen mit ihrem Vater, mit drei Brüdern und zwei Schwestern zuerst nach Bromberg und dann nach Branow deportiert; alle – außer ihr – kamen später in Auschwitz um. Das sind sechs Menschen. Mendel kam zuerst in ein Arbeitslager nach Ungarn, dann, 1944, nach Schachendorf. Als er zurückkehrte, erfuhr er in Oberwischau, daß seine junge Frau und sein einziger Sohn in Auschwitz ermordet worden waren. Baila und Mendel haben dann geheiratet, aber sie war zu alt, um noch Kinder zu bekommen... Hier haben von zehn Menschen zwei überlebt. Wenn es in Oberwischau vor 1942 über fünftausend Juden gegeben hat, kann man dann sagen, daß etwa tausend überlebt haben?

Tausend? Nein! Es waren viel weniger, das kennens mir glauben. Auch wenn nicht alle sind zurickkommen nach Wischau, manche sind geblieben in Sigeth, andre sind bald nach dem Jahr '48 *auf* Israel gezogen. Aber tausend waren es nicht! Vielleicht fiemfhundert... vielleicht weniger. Ich weiß?

– Wenn fünfhundert die Deportation überlebt haben, so wurden neun Zehntel der Oberwischauer Juden ermordet. Stimmt diese Zahl?

Kann ich nicht genau sagen, aber meglich, daß sie stimmt. Nach dem Krieg hat man nicht mehr die Juden gezählt, niemand hat gewußt, wieviel Deitsche sind noch da, wieviel Juden. Denn auch die Deitschen sind im Oktober '44 mit den Truppen wegzogen, aus Pfefferfeld – da waren nur Deitsche – zurickkommen sind nur einige, die andern sind weg. In Wischau waren soviele Deitsche wie Juden, zurickkommen sind vielleicht, meglich, zweitausend...

– Ja, aber jene, die nicht zurückgekehrt sind, leben ja noch irgendwo?!

Ein Teil ist schon gestorben, in Rußland und auf der Flucht.

– Von den Juden wurden jedoch beinahe alle *ermordet*!

Glaubens mir, ich seh manchmal im Schlaf die Leit aus meiner Kindheit, die Fini, den Ferike, die Anna-*Näni*, den alten Schießer-*Batschi*, was hat gewohnt in der Mittelwischauer Gaß, alle diese Leit seh ich wieder, und ich wein, aber nicht wirklich, nur im Schlaf, weil es ist ein so großer Schmerz in mir. Alle sind tot, alle sind weg, und ich bin hier allein, ein Pferdlschnitzer, ein alter Mann, meglich ein Kinstler, aber *far wos*, wie die Juden haben gesagt, *far wos is das giet*? *Far nix*, mecht ich sagen. Ich hab mein Leben gelebt, neinundsiebzig Jahre sind eine scheene Zeit, aber die Tilli, die kleine, die hat vierzehn Jahre gelebt, und die vielen andern Kinder, was da sind herumgesprungen, die Judenkinder, wie lang haben die gelebt? Ein Jahr, drei Jahr, fiemf Jahr, zehn… Dann hat man sie gefiehrt nach Auschwitz, und dort sind sie geblieben. Und wenn jemand darieber redet, wird er gefragt: *Du, wås håst mit die Juden? Kimmer dich um deine Årpeit!*

– Ich würde gern noch einiges hören über die Verfolgung der Juden in Oberwischau vor der Deportation.

Ich werd Ihnen gern noch erzähln, aber ich bin jetzt ein wenig mied, Sie haben mich scheen *åbmiedet*, bin ein alter Mann, muß ein bisserl ausruhn. Wanns morgen kommen, steh ich Ihnen gern zur Verfiegung, wie man sagt. Aber heit lassens mich schlafen, weil ich muß noch ein bisserl nachdenken, es sind schon dreiunddreißig Jahre daher…

Adolf Sedlak, *genannt „Zwetschkesch", geb. am 7.4.1896 in Oberwischau (Vişeu de Sus), gest. am 4.4.1979 daselbst. Besuch der deutschen Grundschule in Oberwischau, Autodidakt, begabter Erzähler, wurde bekannt als Holzschnitzer, stellte Schaukelpferde, Holzpuppen und anderes Spielzeug her, das sogar von Kunden aus Baia Mare, Sigeth und Klausenburg gekauft wurde.*

Tonbandaufnahme (stellenweise gekürzt) vom 5. Juli 1975.

Nachtrag (1)

Ihr habt gesagt, ich soll nachdenken, was fier Spiele wir gespielt haben mit den Judenkindern. Ich hab nachgedacht, *kleert* und *påstudiert*, ich kann jetzt sagen, was wir so gespielt haben. Das ist aber ieber siebzig Jahr her… Aber wenn ich heit, an diesem Morgen zurickdenk, ist wieder alles so scheen deitlich vor meinen alten Augen, wie es war damals. Sehns, drieben die Gaß, die Jägergaß, dort haben wir gespielt, der Ferike, die Fini, war noch *a Pup*, was hat geheißen Roni, einer, was ist *spåter* wegzogen *auf* Sigeth, hat er geheißen Hersch, haben wir ihm aber gesagt Schimi, dann der Tonku, der Franzku und der Steffku, was haben gewohnt oben am Berg, am Tschunka (dort ist eine deitsche Siedlung, rein deitsch auch heit noch, Tschunkaberg; die drei Buben waren Deitsche, haben sie sich geschrieben Zawatzky, Eiben und Langthaler). Dann ist noch gekommen immer ein Judenbub, was hat gewohnt in der Borkutgaß, der Brunnengaß, das war der Joschka, wie er sich sonst noch geschrieben hat, weiß ich nicht mehr; dann war noch ein Deitscher, also ein Zipser, was hat gewohnt oben am Arschitzberg, auch eine Zipser Siedlung, hat er geheißen Joku, hat sich geschrieben Schaschallowitsch, glaub ich. Das war unsre *Banda*, mehr Buben, keine *Marln*, außer *die* Fini, weil die war so scheen, haben mir braucht *a Tockn* in der *Banda*.

– Ihr ward also Juden und Deutsche, mehr Jungen, ein einziges Mädchen…

Na, na, war noch ein *Marl*, die Annku, eine Zipserin, dann die Annzu, auch eine Zipserin… Aber die waren nicht immer mit uns beim Spiel.

– Habt Ihr Euch gut verstanden? Gab es keinen Streit?

Hat es viel Streit gegeben, weil Kinder streiten sich, das ist so: wo Kinder sind, ist Streit, gibts Geheile, *Schläg*. Aber das war ohne keine Bedeutung nicht, weißt', Herr Claus. Das war heit, und morgen wars schon nicht mehr, und da haben wir uns wieder sehr scheen gespielt, denn die *Banda* hat ja sehr fest *zammhalten*.

– Und was für Spiele habt Ihr so gespielt?

Ja, das hab ich wollen sagen. Der Schimi hat immer gern wollen spielen *Schules* (so haben wir gesagt: *Schules*), war ein scheenes Spiel. Er war der Lehrer und hat gehalten die Schulstund, und wir haben missen lernen, er hat gestellt Fragen, wir haben missen antworten, und wenn einer nicht hat kennen antworten, hat der Schimi es gesagt, und so haben wir gespielt *Schules*...

– War immer der Schimi Euer Lehrer?

Ja, immer der Schimi hat gespielt den Lehrer, wir waren nur die Schieler.

– Und warum hat immer der Schimi den Lehrer gespielt?

Weil er war ein sehr gescheiter Bub, er hat viel mehr gewußt wie wir, er hat sehr gut kennen sprechen, er hat gewußt alles ieber die Erd, ieber die Wolken, ieber die Tiere ... ein sehr gescheiter – und wir haben kennen lernen von ihm.

– Was ist aus diesem Schimi geworden?

Ich weiß? Vor dem Jahr '40, da mecht er gewesen sein so bei fimfundvierzig, ist er gezogen mit seiner Frau und den Kindern (hatte er drei Kinder, einen Bub und zwei *Mädele*) hinieber nach Siebenbirgen, *auf* Naßod. Meglich, daß man auch ihn hat deportiert...

– Was habt Ihr sonst noch gespielt?

Was die Juden gern haben gespielt, hat geheißen *Gschäfteles*. War auch das ein sehr scheenes Spiel. Einer hat gemacht ein *Gschäft*, ein *Gwelb*, mit einem Tisch, mit ein paar Regalen fier die Waren. Da ist er gesessen und hat gewartet, bis ist gekommen ein Kunde; also sagen wir, ich war der Kunde. Ich hab gesagt: *Grieß Gott, wås håbts scheenes zu verkaufen?* Hat gesagt der „Kaufmann“: *Jå, mir håbn a Feiferl, a Haputsch, scheene Pildr* (von ter Kirchen mit dem Jesuskindl, wissens), *und wås mir aßunst noch håbn...* Hat er bezahlt mit weißen *Fisoln*, weil hatten wir ja kein Geld, hat er gekauft dieses und das, und so haben wir uns gespielt, bis alles war verkauft. Dann hat der „Kaufmann“ das *Gwelb* zugemacht, und das Spiel war aus.

– Gestern habt Ihr mir gesagt, Ihr habt auch mit dem *Haputsch*, wie man hier zum Ball sagt, gespielt. Was für Ballspiele gab es?

Mit dem Ball haben wir viel gespielt, fast schon jeden Tag, aber nicht Samstag. Dann haben die Kinder nicht gespielt, weil dann war Feiertag. Und wir haben auch nicht gespielt, weil wir waren zu wenige ohne die Judenbuben. Mit dem Ball haben wir gespielt mehr Fußball. Waren wir zwei Gruppen, und haben wir gespielt eine gegen die andre, das war so.

– Und wie war das *Klepsch*-Spiel?

Klepsch (wir haben gesagt *Popik* oder *Katschkei, Tschillak*) haben wir gespielt mit einem großen starken *Knippl*, und mit dem haben wir geschlagen auf ein kleines Holz, was war in der Mitte dick und an den Enden schmal, so, daß es ist gesprungen, wenn man aufs End geschlagen hat. Na, der eine hat besser schlagen kennen, und ist es dann weiter gesprungen, der andre war nicht so *gschickt*, und ist das Helzl gar nicht gesprungen. Dann haben wir noch gespielt, oben auf dem Tschunka. *Rauber und Schandarm*, aber ohne die Fini. Die hat nicht dierfen gehn auf den Berg oder in den Wald... Ein anders Spiel, was haben wir gespielt, Zipser und Juden, war *Nit dreht eich um, ter rodi Fux geht herum.* Das Spiel war mit einem *Tichl*, und wer das *Tichl* nicht hat bemerkt, den habens *åbschlågn: Aans, zwei, trei, faultes Ei!* Dann hat der missen gehn herum und sagen: *Nit dreht eich um!* Das waren so die Spiele, die wir haben gespielt in unsrer Gaß.

– Gab es auch Spiele, die nur die jüdischen Kinder spielten?

Nein, denn die jiedischen Kinder haben immer mit uns gespielt, nicht allein. Aber meglich, daß es im *Schtetl* andre Spiele gegeben hat, wo nur jiedische Kinder gespielt haben. Das weiß ich nicht, weil hier haben immer Deitsche und Juden zusammen gespielt. Da war kein Unterschied nicht beim Spielen.

– Hatten die jüdischen Kinder viel Zeit zum Spielen? Soweit ich weiß, gingen sie schon mit drei-vier Jahren in die *Cheder*-Schule; dieser Unterricht dauerte wochentags vom Morgengebet bis zum Abendgebet, mit einer kurzen Mittagspause. Wann habt Ihr dann noch Zeit gehabt zum Spielen?

Also, weißt, das war so: die Kleinen, so bei drei-vier Jahren, sind schon gegangen in die *Chederschul*; die war drieben bei der *groißen Schul*, dem Tempel. Die haben missen lernen sehr viel. Dann, wie sie waren greeßer, sind sie gegangen in die andre *Schul*, wir haben gesagt *tie Judnschul*. Da haben sie mehr gelernt, weiter studiert, aber nach der *Schul*, wie sie sind gekommen nach Haus, am Nachmittag bis Abend, bis zum Abendgebet, waren sie schon frei und haben kennen spielen. Die waren nicht den ganzen Tag *im Cheder*, die haben schon gehabt auch Zeit zum Spielen. Weil auch wir haben missen gehn in die Schule, haben missen arbeiten, Gänse hieten, Heimachen, *Krumpirn håckn, Holzhåckn* und viele andre Arbeit haben wir missen machen. Und nur nachher haben wir dirfen spielen... Weißt, bei den Juden war das so: schon in der Frieh, wann die Leit haben noch geschlafen, ist gekommen einer, was hat geheißen *ter Klopper, ter Schulklopper*, der hat an jedes Fenster geschlagen mit einem Stock, und so hat er die Juden geweckt – sollen sie das Morgengebet sagen. Aber weil er so laut hat geschlagen (die Fenster hatten damals alle Läden davor, die hat man in der Nacht zugemacht wegen *Raubern*, und im Winter wegen Welfen), weil er so laut hat missen schlagen, hat *ter Klopper* immer auch uns geweckt, uns Kinder. Dann sind wir auch aufgestanden mit den Juden.

– Habt Ihr beim Spielen auch Lieder gesungen? Waren das jiddische oder deutsche Lieder?

Wir haben sehr viele Lieder gewußt, und wir haben sehr viel gesungen. Jiedische Lieder, deitsche Lieder, zipserische, wir haben sehr viele Lieder kennen singen.

– Erinnert Ihr Euch noch an Lieder aus Eurer Kindheit?

Måj, måj, wie waren die noch? Ja die *Tawarischka majna*, ein sehr altes zipserisches *Ssangl* (wir haben gesagt *Ssangl*, nicht Lied, weil Lieder sind nur in deitscher Sprache), dann andre *Ssangl* waren das vom *Kubusch, Majn Schåtz håt mich varlossn*, na, und viele andre. Ein jiedisches *Ssangl* war das *Haja Kucku*:

Haja Kucku, Vegele,
inter dem Kind ßain Wiegele,
schtejt a golden Ziegele…

Mehr weiß ich nicht. Ein andres jiedisches *Ssangl* war *Ribajne*, und hat es geheißen: *Ajnem gjibst du a Ssack Kindr, ajnem gjibst du a Ssack Geld – aßo is dos Lebn vun diesr Welt… Måj, måj*, waren noch viele Lieder, scheene *Ssangl*, aber es ist viel Zeit vergangen, und ich hab das alles schon vergessen. Die Kinder von meiner Tochter, die sprechen mehr madjarisch, Lieder singen sie, was sie im Radio heeren, was Deitsches, was Scheenes, wissen die nicht…

– Ihr habt mir gesagt, daß Euch noch etwas eingefallen ist aus der Zeit nach 1940. Möchtet Ihr das, bitte, erzählen?

So fier Eich, aber nicht fier die Leit, was hier in der Gassen wohnen. Also, das war im Jahr '42, vor dem ersten Transport, da waren noch sehr viele Juden in Wischau. Da bin ich einmal heimkommen von der Großen Gasse ieber die Wischaubricken, dort, wo die Station ist. Da hat ein Polizist, ein *Tschender*, einen Juden geschlagen. Der Jud ist gelegen am Boden, auf der Gaß, im Staub (weil damals war ja kein Asphalt wie heit), und der Polizist hat auf ihn eindroschen mit einer *Korbatsch. Büdős zsido! Büdős zsido!* hat er immer flucht. Der Jud am Boden hat sich kriemt wie ein Wurm, und er hat immer die Hände vor sein Gesicht gehalten, soll der andre ihn nicht ins Gesicht treffen. Ich bin stehn blieben und hab die andern Leit, was dort sind gestanden, gefragt: *Was hat der Jud gemacht, warum drischt er ihn so?* Haben die Leit gesagt: *Der Jud hat den Polizisten nit grießt.* Weil damals war es hier so: wenn einer von diesen Herren ist vorbeigegangen, hat man ihn missen grießen. Der aber hat immer mehr auf den Jud droschen. Pletzlich ist gekommen ein andrer Jud, von einem *Gewelb*, dort wo ist heit die *Vulcanizare*. Der Jud ist gekommen gelaufen, hat sich scheen verbeigt vor dem Polizisten, hat die Mitzen abgenommen und hat ihm ein Stick Geld, ungarisches Geld, weiß ich nicht wieviel es war, hinhalten: *Bitte, nehmen Sie das als Strafe, weil der Sie nicht hat gegrießt*, hat der Jud gesagt. Der Polizist hat genommen das Geld, ist gegangen hinieber zum *Peisl*, es versaufen. Der Jud aber ist aufstanden und weggangen. Wenn der andre Jud nicht wär gekommen, ich glaub, der hätte den Jud totgepriegelt, *in so a großer Gåål* war der...

– Hat man damals oft Juden öffentlich verprügelt?

Es ist passiert. War da einer, Schkurka, war der Roman, war der Kulinyak... waren einige von unsren Leit, was haben das gemacht.

– Vom Schkurka – wenn es sich um den Schkurka-Emu handelt – habt Ihr mir schon gestern erzählt. Das ist der mit dem Heil-Hitler?

Ja, der was mich hat gegrießt „Heil Hitler".

– Aber Schkurka, Roman, Kulinyak sind ja nicht gerade deutschklingende Namen, wenn man so sagen darf.

Alles Deitsche, kannst mir glauben, alles reine deitsche Leit. Auch mein Name, Sedlak, klingt ja nicht so deitsch, aber wir waren immer Deitsche.

– Und diese drei Zipser, die Ihr zuvor genannt habt, die haben Juden verprügelt?

Ja, die haben alte Juden *zammschlågn* auf der Gassen, die haben so manches gemacht, was nicht scheen war. Aber darieber mecht ich nicht reden, denn das macht mir nur Probleme – mit den Familien, mit den Leiten hier, weißt?

– Warum haben diese drei – und vermutlich noch andere – alte Juden *zammschlågn*?

Aus Iebermut! Die waren iebermietig, dumm warens auch, hatten nichts zu tun. Starke Händ, schwache Kepf, viel hier und wenig oben. Dann haben sie zeigen wollen, wie stark sie sind, und die, was zugeschaut haben, sollten haben *a Spåß. Verfluchti Bengln* waren das, nichts anders: Saufhansl, Vagabunden.

– Bei den Zipsern werden doch alte Menschen sehr in Ehren gehalten. Jedes Kind hat eine große Achtung vor den Großeltern. Wie konnten diese *Bengln* dann alte Juden *zammschlågn*?

Das ist es ja, das habt Ihr, mein lieber Herr Claus, auch gestern gefragt: Wie hat kennen das passieren? Ich sags Eich wieder: Es war pletzlich der Haß vom Hitler da! Der Haß war da, sehr schnell ist der gekommen, waren welche

Fremde, die haben ihn mitgebracht, und auf einmal haben einige auch von unsren Leit so gedacht wie die Fremden...

– Ja, das waren die „gscheiten Leit, die studierten", ich weiß, darüber sprachen wir bereits. Aber ich versuche, zu verstehn, wie das möglich war, daß einige „Fremde", die eine größere *Goschn* hatten, das Volk so aufhetzen konnten. Und wie dann der Haß vom Adolf Hitler über die vielen hohen Berge hier eindringen konnte. Das kommt mir so ungeheuerlich vor, daß ich immer wieder fragen muß.

Fragt, fragt, ich sag Eich, was ich weiß. Aber eins kann ich sagen: Es sind immer die Leit mit der großen *Goschn*, die die Welt regieren. Das ist die Meinung von einem armen alten Kinstler, einem Holzschnitzer, der in seinem Leben nicht zu den *Großgoscherten* geheert hat, der jeden Lei dreimal in die Hand nimmt, bevor er ihn ausgibt, bitte, versauft...

– Zu den *Großgoscherten* hat ja auch irgendwie der Pfarrer gehört, außerdem auch die deutschen Lehrer, die dem Karl Funkenhauser unterstanden, dann die beiden Kindergärtnerinnen, Deutsche aus der Karpartenukraine, die man hergeschickt hatte...

Also alle sind nicht schuld, das Freilein Olga Stenzel aus *Deitsch*-Mokra, was hat auch meine Tochter unterrichtet, war bestimmt keine von denen, das kennens mir glauben. Die hat die Kinder nur deitsche Lieder gelehrt, mehr nicht. Und das Freilein Pauliner, auch eine Deitsche, die hat auch nicht geheert zu den *Großgoscherten*. Das war eine sehr scheene und feine Person, die hat nichts zu tun gehabt mit der Politik. Aber die andren, die andren...

– Gibt es heute Leute, die die Juden hassen?

Ich weiß? Wie soll man hassen jemand, den es nicht gibt? Die Juden sind tot, man kann sie nicht mehr hassen... Aber manchmal heert man noch so *a Spruch*: *E şmecher ca jidanu*, sagt einer, oder: *Ter mâcht Gschäftr wie a Jud.* Das sagen so manchmal die Leit.

– Was für Leute sind das? Haben die früher viel mit den Juden zu tun gehabt?

Gar nichts haben die gehabt! Junge Leit sind das, auch

Kinder. Vielleicht haben sie das geheert von irgendwo, und dann sagen sie es auch. Aber nicht alte Leit reden so, nur junge. War da vor zwei Tagen ein Herr und eine Frau mit ihrem Kind, ein Mädel, aus Klausenburg hier, wollten sie ein Pferdl bestellen. Werd ich ihnen dieses Modell schnitzen, was hast heit fotografiert: ein schwarzes Pferdl! Wie ich sprech mit den Eltern, geht das Mädel zum Tor, will auf die Gassn gehn, weil dort waren noch andre Kinder. Wie das Mädel beim Tor ist, ruft die Mutter auf madjarisch: *Nicht geh auf die Gassen, denn sonst nimmt dich der Jud! Heerst, der Jud trägt dich fort! Nicht geh auf die Gassen!* – Die Kleine ist dann zurickkommen, ist zum Hiehnerstall gegangen, und ich hab die Frau gefragt, warum sie das gesagt hat, denn es gibt ja keine Juden mehr, und „der Jud" hat ja nicht die Kinder gestohlen. Da hat die geantwortet, daß sie das weiß, daß sie aber so sagen muß, weil sonst folgt die kleine Enikö nicht, sie muß sie immer mit etwas erschrecken, und bis jetzt hat sie gesagt: *der Zigeiner holt dich*, dann *der Milizian holt dich*, und weil die kleine Enikö jetzt keine *Ängsten* mehr hat vom Zigeiner und dem *Milizian*, sagt sie: *der Jud kommt!* Ich hab ihr dann gesagt, daß frieher hier sehr viele Juden waren, ieber fimftausend, das hab ich ihr gesagt, und das waren anständige Leit, die haben kein Kind wegfiehrt. *Hier in den Bergen waren so viele Juden?* hat sich die Frau *gestaunt, Sehr interessant, sehr interessant, und sind sie alle ausgewandert nach Israel? Nein*, hab ich gesagt, *sie sind ausgewandert nach Auschwitz!* Wir haben dann noch ieber den Preis geredet, und ich hab den Leiten hundert Lei mehr verlangt, weißt, soll sie zahln. Ieber zwei Wochen kommen sie wieder, das Pferdl abholn... Ja, weißt, was die Frau noch gesagt hat: ihre Mutter hat sie immer so erschreckt (wie *sie* war ein kleines Mädel) und hat gesagt, daß der *schwarze Jud* wird kommen und sie wegholn...

– Hat es auch in Oberwischau Leute gegeben, die die Kinder mit dem „schwarzen Juden" erschreckt haben?

Meglich, daß welche das gesagt haben, aber ich weiß nur, daß unser Herr Pfarrer Baumgartner immer gesagt hat: *die Juden haben unsern Herrn ans Kreiz geschlagen!*

– Wem hat er das gesagt?

Na, den Kindern im Unterricht, den Firmlingen, den

Kleineren. So hab ich geheert. Ob es ist wahr, weiß ich nicht. Aber er war auch gegen die Juden...

– Und Pfarrer Komka hat Euch verboten, zum Tempel zu gehn!

Ja, unsre Kirch war nicht gut mit den Juden. Das Volk ja, die Kirch nicht. Aber sie haben das nicht so offen gesagt, weißt? Die Pfarrer, der Herr Baumgartner zuletzt, dann nach dem Krieg der Herr Tempfli, die waren mit ihren Problemen beschäftigt, mit der Kirch, die haben sich nicht um die Juden gekimmert.

– Nicht „gekümmert", aber so nebenbei gesagt, daß die Juden „unsern Herrn ans Kreuz geschlagen" haben. Das genügt! Denn außerdem waren ja noch die *Nyilasch*-Leute da und solche Typen wie der Roman und die andern.

Weißt? Wen kimmerts heit, was ist geschehn damals? Niemanden nicht! *Alles vorbei, vergessen und vorbei*, so sagen die Leit. Und niemand kimmert sich mehr um die Juden!

Adolf Sedlak

Tonbandaufnahme (gekürzt) vom 6. Juli 1975.

Nachtrag (2)

Vor a Monat warst hier, und gestern hab ich gedacht: *Mecht er nur wiederkommen, der Herr Claus, weil weiß ich noch was erzählen von den Juden.* Ist mir so manches *eingekommen* in dieser Zeit, und vielleicht hab ich auch manches schon wieder vergessen, weil man vergißt, wenn man wird älter... Aber unser Herrgott hat mir soviel *Gscheitheit geben*, daß ich manchmal denk, wie wird es sein, wenn ich noch älter bin wie jetzt, denn am 7. April war ich neinundsiebzig, und in acht Monaten werd ich sein achtzig... Ja, da war die Sache mit dem Jud und dem *Schnupftichl.* Ich bin gekommen vom Platzl her, und drieben, wo ist die *Kondi*...

– Entschuldigt, in welchem Jahr war das?

Das war im Jahr '41, im Sommer. Bin ich gekommen vom Platzl, und vor der *Kondi* – damals war dort *a* jiedisches *Gwelb* –, vor der *Kondi* sind gestanden einige Leit, Fremde, Schafhieter, nicht von hier, und haben gelacht. Na, was war? Ein Jud hat missen die Spucke wegwischen vom Boden mit seinem *Schnupftichl*, und die Spucke war vom Polizisten. Der ist gestanden und hat immer spuckt, und der Jud, am Boden, ist immer hinrutscht und hats wegwischt. Der Polizist hat noch einmal spuckt und noch einmal, und der Jud hat immer wieder missen saubermachen die Gaß. Ich hab gehabt *a ßo a Gáál*, hätt ich kennen den verfluchten *Madjaron* erschlagen, aber war ich kein starker, war ich ein schwacher, und er hätt mich gleich erschossen. So nach einiger Zeit der Polizist hat gesagt zum Jud am Boden: *Jetzet kannst gehn zahaus, hast genug gearbeitet fier heit!* Der Jud ist aufstanden, war er schon ein alter Mann, so bei sechzig Jahren, der Polizist war ein junger, so vielleicht zwanzig, dreißig, mehr nicht, hätte er sein kennen sein Vater, der Jud. Ich mein, wenn der Jud gewesen wäre ein Madjar. Der Jud ist aufstanden und ist ganz langsam weggangen. Nur auf einmal sieht der Polizist, daß der Jud hat liegenlassen sein schmutziges *Schnupftichl* – war es ganz schmutzig geworden, weil hatte er ja geputzt damit den staubigen Boden, die Erd –, ruft der Polizist den Jud zurick, sagt ihm, soll er sein

Schnupftichl nehmen und der Sara zum Waschen geben, damit auch sie eine Arbeit hat. Der Jud hat es genommen, hat kein Wort nicht gesagt, ist gegangen, aber seine Augen waren feicht. Hat er sich sicher so geschämt, weil er, ein alter Mann, hat missen die Spucke aufputzen vom Polizisten. Ich bin *zahaus gangen*, hab meiner Frau gesagt, wie die Spott treiben mit alten Menschen; hat sie gesagt, daß unser Herrgott wird das nicht ohne Straf lassen. Aber die Straf, das Unglick ist gekommen ieber die Unschuldigen, ieber die Juden, denn nach dem Spott hat man sie im Jahr drauf wegfiehrt...

– Was waren das für Leute, die sich über die maßlose Demütigung eines alten Juden amüsieren konnten?

Siehst, solche Leit gibts immer, wo *awas* geschieht. Wenn heit jemand einen auf der Gasse *zammschlägt*, gleich mechten ein paar Leit stehnbleiben und zuschaun... Das waren Leit, was sind kommen zum Markt, zur *Bruckn*, was haben dort *Brinsn* verkauft, vielleicht *Lamplfleisch*, warens Schafhieter, Bauern, dummes Volk, Saufhansl, die, was immer herumstehn. Die hatten Spaß, wenn der Jud ist verspottet worden, die haben gelacht. Deitsche oder Zipser waren das nicht, die zuschaut haben, das kennens mir glauben...

– Es gab einige SS-Leute unter den Zipsern, und die haben sich auch an jüdischen Menschen vergriffen. Aber davon will niemand etwas erzählen. Habt Ihr darüber etwas gehört?

Das ist meglich, daß so was ist passiert, aber ganz genau weiß ich nicht, weil das ist drieben passiert, in der Zipserreih', im deitschen Teil von Wischau. *Mir* wohnen in der Jägergaß, *Am Tschunka*, des ist was anders, *mir* sind nah an Mittelwischau, was war ein separater Ort, weißt?

– Wißt Ihr von noch so einer Begebenheit?

Ich weiß noch etwas. Das war drieben, bei der Pulverturmgaß, am Fluß. Da sind gekommen ein paar ungarische Soldaten von oben aus dem Wassertal. Hatten sie sehr staubige Stiefel an den Fießen, und wie sie kommen die Gasse runter, sehn sie einen Jud, was kommt ihnen entgegen. Sie bleiben stehn, und der Feldwebel sagt: *He, Jud, komm und putz uns die Stiefel!* Sagt der Jud, daß er hat ja keine Bierste nicht, kein Lappen. Sagen die Soldaten, soll er nehmen sein Hemd, weil es ist ja sowieso schmutzig. Hat der Jud ausziehn missen sein Hemd und hat damit die Stiefel von den Soldaten blankwichst. Das war beim Pulverturm. Dann sind die Soldaten mit ihrem Feldwebel gegangen ins *Peisl* bei der *Bruckn* und haben was getrunken. Einige Leit, was im *Peisl* waren, hatten das gesehn, und die haben dann gelacht und gesagt, es war richtig, was sie mit dem Jud gemacht haben.

– Wer hat Euch das erzählt?

Das hat mir noch erzählt der Has-Poldi, geschrieben hat er sich Leopold Sedlak.

– Und weiß man auch, wer der Jude war?

Weiß man nicht, weil damals waren ja sehr viele Juden im Tal.

– Heute morgen habt Ihr mir gesagt, es ist Euch noch etwas über die jüdischen Feste eingefallen.

Ja. Die Musikanten, was haben gespielt bei jiedischen Hochzeiten, auch bei der Fini ihrer, die haben geheißen *Klesmer*, das waren jiedische Musikanten, keine Zigeiner. War ein Fiedler, war ein *Tscheterasch* mit dem Baß, war einer mit der Ziehharmonika, und manchmal war einer, was hat gesungen. Die haben gespielt nur jiedische Musik, jiedische *Ssangl*, jiedische Tänze, gesungen hat man auch nur jiedisch. Auf der Hochzeit bei der Fini war auch alles jiedisch: die Musik, die *Ssangl*, das Essen. Die Juden haben gehabt ihren Brauch – anders wie die Deitschen –, und sie haben sich nicht *vermengt* mit den andren Leit hier im Tal. Was jiedisch war, ist geblieben jiedisch. Sie haben gehabt ihre Feste: *Nitel* – wir haben gesagt Weihnachten, jiedische Weihnachten –, *Channuka*, war auch im Dezember, dann *Purim*, wo sind immer auch wir Kinder hingegangen, bis der Herr Pfarrer gesagt hat, wir sollen nicht mehr zu den Juden gehn.

– Diese Musikanten, *Klesmer*, waren aus Oberwischau?

Die *Klesmer* waren nicht von Wischau, die sind von anderswo gekommen, die haben ieberall gespielt, auch in Mosesdorf, in Pfefferfeld, in Rußkowa, Leordinen, Borscha… Wo war eine Hochzeit, sind gekommen die jiedischen *Klesmer*, das waren so Wandermusikanten, wie man sagt – aber alles Juden, mit langen Bärten, *Peikles* und mit jiedischer Kleidung. Wie ich war einmal weiter von Sigeth, in Saplontz, das ist ein Dorf, wo sehr viele Juden waren, links von der Straßen, wenn man kommt von Sigeth, ist ein großer jiedischer Friedhof. Na, in den jiedischen Heisern wohnen ieberall Rumänen, und die Juden sind auch hier alle weg... Wie ich war einmal in Saplontz, hatte dort zu tun, hab Holz gekauft, Schnitzholz, Linde, da war eine jiedische Hochzeit. Viele Leit waren auf der Hochzeit, das ganze jiedische Dorf, alle waren jiedisch kleidet, hatten jiedische Tracht – die Burschen hatten weiße Kniestrimpf, schwarze Hosen bis zum Knie, weiße Hemden, schwarze Samtwestl, und die haben getanzt a jiedischen Tanz, aber nur die Männer, junge Männer, keine Frauen haben mittanzt. Dann haben die Frauen gesungen – jiedische Ssangl, und dazu haben gespielt die *Klesmer*. Waren es dieselben, was auch in Wischau haben gemacht Musik. *A* jiedische Hochzeit war was ganz anders wie *a* deitsche Hochzeit oder *a* walachische. Ich mecht nicht sagen, die deitsche Hochzeit war nicht scheen, weil auch dort war Musik, und man hat getanzt, aber alles auf deitsch, auf zipserisch. Das war ganz anders bei den Juden. Die Juden hatten ihren Brauch; das war so bis zum Jahr '42...

– Die Juden hatten ihre Bräuche, ihre alte Volkskultur. Das wurde dann 1942 vernichtet...

Nicht ganz vernichtet, denn damals war ja erst der erste Transport. Aber die Juden hatten pletzlich eine sehr große Angst bekommen, und dann haben sie nicht mehr so wie frieher ihre Feste gefeiert, weißt? Es ist auch passiert, daß die *Nyilasch* aus Sigeth gekommen sind, und dann waren auch die Soldaten hier. Alle hatten Angst, und die Juden haben dann keine Freid mehr gehabt an großen Festen. Sie sind dann nur noch zum Tempel gegangen und gleich nach Haus; wollten sie niemand steeren.

– Wen hätten ihre Bräuche denn „gestört“?

Na, die Leit, was immer gerufen haben *büdös zsidó!*

– Ich wollte Euch schon das vorige Mal fragen: Wie habt Ihr mit den jüdischen Kindern gesprochen? Jiddisch oder zipserisch? Und später mit Euren jüdischen Bekannten und Nachbarn?

Also die Juden haben alle sehr gut gewußt zipserisch sprechen, auch deitsch haben sie gewußt. Mit uns haben sie immer gesprochen zipserisch, weil deitsch hat man ja nur in der Schule gelernt, und deitsch haben nur die feinen Leit gesprochen, die Ferster, der Apotheker, die Lehrer, die Kindergärtnerin. Auch später haben wir mit den Juden immer in unsrer Sprache, zipserisch, gesprochen. Manchmal vielleicht auch ein Wort, zwei, jiedisch. Aber es hat auch gegeben Juden, studierte Leit, die haben besser deitsch gewußt wie ein Deitscher, die waren gewesen in Czernowitz und bei den Deitschen in Siebenbirgen, die haben dort gelernt...

Adolf Sedlak

Tonbandaufnahme (gekürzt) vom 8. August 1975.

Haben immer so Spott trieben

(Maria Schmidt)

… ich weiß noch, wie es war mit den Juden hier. Ich weiß, es waren sehr viele Juden in Wischau. Man kann sagen, es waren so viele Juden wie Deutsche.

– Hattet Ihr jüdische Nachbarn?

Hier, in der Sägegasse, haben keine Juden gewohnt, hier waren nur Deutsche, Heckmann, Faltitschka, Hagel… und wie sie alle geheißen haben. Juden waren drüben, in der Graden Gaß, da war der Tulli Federweiß, was hatte das Peisl *Am Pergl*, ja, da waren noch andere Juden, die haben gewohnt gleich neben den Zipsern. Ich kann mich aber noch gut erinnern an die Juden, ich weiß, wie die waren…

– Wie waren sie?

Jo, sie waren nicht so wie wir, sie waren etwas anders, sie waren… *andersartig*…

– Was heißt „andersartig"?

Jo, ich weiß? Sie waren *andersartig*!

– Gut, ich hab verstanden, aber ich möcht' gern wissen, was „andersartig" heißt.

Ihr wißt nicht, was *andersartig* heißt? Ihr seid ja ein Studierter. Soll ich alte Frau Euch erklären, was *andersartig* heißt?

– Ich bitt' Euch drum, Medy-Näni.

Na, ich werd es Euch sagen: sie waren *andersartig*, das möcht heißen, sie waren anders wie wir.

– In welcher Hinsicht waren sie „anders" als die Zipser?

Na, sie haben sich anders kleidet. Ich mein, nicht die Frauen, nur die alten Männer, die hatten so lange Mäntel – mir haben gesagt: *Kaftan* –, und dann die *Peikles* bei den Kindern, aber auch bei den Alten. Nur die Juden haben getragen *Peikles*. Bei den Frauen hast du nicht gleich können wissen, ob sie ist eine Jüdin, eine Madjarin oder eine Deutsche. Die Rußnakinnen und die Romäninnen sind ja immer gegangen in ihrer Kleidung, so wie heut, also die erkennt man gleich.

– „Andersartig" heißt also: sie haben anders ausgesehen?

Sie haben anders ausgesehen in der Kleidung – ich mein die Männer –, und sie haben anders getragen das Haar, die *Peikles.*

– Waren sie auch sonst anders als ihr?

Sonst? Ich weiß? Eigentlich waren sie nicht anders als wir ... Ja, sie haben nicht gegessen Fleisch vom Schwein. Das war ein Gesetz: der Jud hat nicht gegessen Fleisch vom Schwein, auch nicht Bratwurst. Er hat gegessen Fisch. Und dann am Samstag war bei ihnen Sonntag, dann sind sie gegangen in den Tempel, was hat gestanden in der Grußn Gaß. Gleich daneben war ja die Judengaß, und auch in den anderen Gassen haben nur Juden gewohnt. Am Samstag waren beim Tempel manchmal so über tausend Menschen...

– Medy-Näni, ich will Euch noch einmal fragen nach diesem Wort: andersartig. Das ist doch kein Zipser Wort, und es ist auch *nit taitsch, aßo wie uns mir ßich hier redn*, woher habt Ihr dies Wort? Erinnert Ihr Euch vielleicht noch? Habt Ihr einmal ein Buch gelesen, wo dieses Wort vorkommt?

Nein, ich hab kein Buch nicht gelesen. Ich hab immer nur in der Bibel gelesen, und dann hab ich noch gelesen die Bücher, was Ihr mir geschickt habt. Aber ich weiß, wer hat gesagt *andersartig...*

– Wer?

Sollt mir nicht bös sein, aber wenn Ihr den Namen in ein Buch legt, sag ich ihn nicht.

– Warum nicht, es ist ja nichts dabei? Wenn jemand gesagt hat, die Juden sind *andersartig*, hat er es eben gesagt. Das ist alles.

Ich weiß? Nachher sagen die Leut: *Warum hast geredt? Hålt tie Goschn, und kimmerts Eich um Eire Problemer...* Versprechts mir, daß solang ich leb, kommt das nicht in ein Buch.

– Ich versprech es Euch, Medy-Näni.

Gut, der Liebe Gott ist unser Zeuge. Der Funkenhauser, der Ortsgruppenleiter, hat immer gesagt: *„Die Juden sind andersartig!“* Er hat auch gesagt: *„Deutsche, kauft nicht beim Juden!“* und – was hat er noch gesagt? Es kommt mir jetzt nicht alles ein. Ja, er hat gesagt: *„Die Juden sind keine Menschen!“* Er hat sehr gut können reden, er war ein gebildeter Mann, der Funkenhauser, ein Studierter. Er war kein Zipser von hier, denn unsere Leut waren ja mehr ohne Schul, er ist kommen von Sathmar, von der *Volksgruppe.*

– Ihr habt zuvor gesagt: *andersartig,* das ist, wenn einer anders gekleidet ist, anders ausschaut... War dann der Funkenhauser nicht auch „andersartig“?

Jo, er war *auch andersartig,* denn er war anders als wir. Anders hat er sich kleidet, hat er gehabt Stiefel, schwarze Hosen... war er gewesen ein so feiner Mann, nicht so wie unsre Leut, hat er gehabt so feine weiße Händ – weil, wann er geredet hat, hat er immer so bewegt die Händ –, hat er gehabt eine goldene Uhr.

– Sagt, Medy-Näni, der Funkenhauser hat auch gesagt: „Kauft nicht beim Juden!“ Haben die Zipser dann nicht mehr „beim Juden“ gekauft?

Awù, haben sie ja gekauft beim Juden! Wo hätten sie sollen kaufen. Nur bei den Juden hast können kaufen. Das war nämlich so: die Juden hatten die *Gewelb.* Da hat man kaufen können alles, nur man sollte haben Geld. Aber der Jud hat auch gegeben ohne Geld, und wann man dann hatte Geld, hat man bezahlt. Oder man hat gegeben awas anders: war es eine große Schuld, hat man gegeben Kartoffeln oder eine Gans.

– So war das also: der Funkenhauser hat etwas gesagt, und die Leut' sind weiterhin zum Juden ins *Gewelb* gegangen?

Ihr müßt verstehn, Herr Claus, das war so: wir hatten nicht von wo bekommen *a gutes Leinenzeug,* oder gute Schuh für am Sonntag, oder andere Sachen. Wer hat gehn können bis auf Sigeth, in die Stadt, oder bis auf Bánya, auf Neustadt. Das war sehr weit, und damals hat es gegeben keine Bahn, keinen Autobus, man ist gegangen zu Fuß, oder man ist gefahren mit dem Wagen. Aber wer konnte fahren bis auf Bistritz – das ist unten in Siebenbürgen? Aber der Jud, schauts, der hat die Waren von dorten gebracht, er hat es möglich gemacht, und dann waren alle Leut zufrieden.

– Was habt Ihr Euch gedacht, wenn der Funkenhauser gesagt hat: „Die Juden sind keine Menschen"?

Ich weiß? Was haben wir können denken? Ich weiß, was er hat gemeint? Denn die Juden waren ja Menschen, so wie wir – nur ein wenig *andersartig*, aber Menschen waren sie, weil auch sie waren arm wie wir, auch sie haben gehabt viele Kinder, auch sie haben müssen arbeiten. Gut, einige von sie haben gehabt ein *Gewelb*, waren also mit dem Handel, andere haben gehabt ein *Peisl*, waren also auch mit dem Handel, mit dem Schnaps, aber die andern, die vielen, was waren die? Die waren Arbeiter, Fuhrleute, *Hamals*, Kutscher, Schuster, manche haben gearbeitet oben im Wald, da waren auch welche, die waren mit den Schafen, haben gemacht *Brinsn*, haben *Brinsn* verkauft. Das waren die Juden, arme Leut, aber Menschen.

– Und nur ein wenig *andersartig*?

Nur ein wenig, und nicht alle. Viele von sie waren nicht *andersartig*. Da hast nicht können wissen: *is tes a Jud, is tes a Taitscher...*

– Medy-Näni, Ihr habt mehr Schulen besucht als andere Zipser Mädchen oder Frauen hier in Oberwischau. Ihr habt also auch mehr von der Welt gesehen?

Jo, ich war in der deutschen Schule in Wischau, dann war ich noch in der deutschen Schule in Mühlbach, in Siebenbürgen, einer schönen Stadt, wo sehr viele Sachsen lebten. Mein Vater war ja Oberförster, und da sind wir nach Mühlbach übersiedelt, weil dorten hatte er gehabt die Stelle. Jo, ich war auch in Bukarest, dort hab ich gearbeitet als Krankenschwester in einem deutschen Spital, bei der Wehrmacht; jo, ich hatte auch die Ausbildung, ich war gelernte Krankenschwester...

– Wann ward Ihr in Bukarest?

Im Sommer '40 ist die Maramuresch wieder an Ungarn

gekommen, dann sind aber auch, im Herbst, die deutschen Truppen nach Bukarest gekommen. Und eine Freundin aus Mühlbach, die dort schon Krankenschwester war, hat mir geschrieben, ich soll auf Bukarest kommen, weil ich dort kann eine gute Stelle bekommen, sie wird alles *arranschieren*. Na, dann bin ich gefahren, denn ich war ja nicht verheiratet, ich hatte ja schon 31 Jahre, war ja groß. Wie ich bin gefahren, im Frühjahr '41, da haben die Legionäre sehr viel Unruhe gemacht in Bukarest...

– In dem Wehrmachtsspital, wurde dort auch einmal über die Juden gesprochen?

Nur einmal, und das war so: Die Legionäre hatten ja die Juden aus Bukarest gefangen und zum Schlachthof geführt und dorten auf die Haken, wo man das Vieh hängt, aufgehängt. Dann haben sie auch einmal einen Tempel angezündet, wie die Leut alle drin waren. Na, so ist das gegangen jeden Tag. Und da hat einmal meine Freundin, die Ninni, gesagt: *Es ist schrecklich, was diese mit den Juden treiben!* Und so haben wir ein wenig geredet. Ich hab gesagt: *Die Juden sind auch Menschen.* Da ist gerade ein deutscher Offizier vorbeikommen, und wie er gehört hat, was ich gesagt hab, hat er gelacht und ist stehnblieben: *Soso, Fräulein Medy, Sie führen ja hochpolitische Gespräche!* Wir sind beide rot geworden und haben nichts gesagt. *Die Juden sind also „auch Menschen", meinen Sie? Woher kommen Sie eigentlich?* hat er dann gefragt. *Aus der Maramuresch*, hab ich gesagt. *Wo liegt das denn?* wollte er wissen. Na, wie sollte ich ihm das erklären? Habe ich gesagt: *Dort im Norden, wo die Bukowina ist. Soso, die Bukowina, das Judenland!* Von der Bukowina hatte er also schon gehört. *Fräulein Medy, Sie müssen noch viel hinzulernen*, hat er noch gesagt, und dann ist er gegangen. Ich aber hab mich so geschämt, weil inzwischen sind auch die anderen Schwestern gekommen, und die waren von Siebenbürgen, Sächsinnen, und die hatten ja mehr gelernt wie ich, Zipserin. Ich hab mich sehr geschämt, ich werd das nicht vergessen. Ich hab dann im Spital auch nie wieder von den Juden was geredet.

– Als man die Juden aus Oberwischau nach Auschwitz transportiert hat, wart Ihr also in Bukarest?

Nach dem ersten Transport oder dem zweiten – ich weiß

es nicht mehr so genau – bin ich einmal kommen auf Wischau. Man ist damals gefahren bis Bistritz, und von dort mit einem Wagen, einem Pferdewagen, das Salwatal hinauf bis Moisei, und dann nach Wischau. Die Fuhrleut, was diese Fahrten haben gemacht, waren immer Juden gewesen. Jetzt auf einmal war ein Ungar, der mich nach Wischau, zusammen mit anderen Leuten, gebracht hat. Na, und der hat dann gesagt: *Sie haben die Juden auf Arbeit geführt, damit sie eine ehrliche Arbeit lernen.* So haben auch die Leut vom Funkenhauser gesagt: *Die Juden sollen ehrlich arbeiten, deshalb hat man sie wegführt.*

– Wußte jemand, daß sie in ein Konzentrationslager kommen werden?

Awù! Das hat niemand nicht gewußt. Wir haben auch gedacht, sie kommen wann zurück, weil: was soll man mit so vielen Juden machen in Deutschland? Denn man hat damals aus allen Dörfern die Juden gefangen und wegtransportiert, von überall aus der Maramuresch. Das waren sehr viele Leut, auch Frauen und Kinder, alte Leut waren auch mit sie gangen, was nicht mehr haben können arbeiten. Aber man hat alle genommen. Und da haben sich die Leut von hier, von Wischau, gestaunt: *Ja, warum transportieren sie alle weg, weil die Alten und die Kinder können ja nicht arbeiten! Man soll die Familien nicht zertrennen, sie wollen ja zusammen bleiben,* so hat der Funkenhauser gesagt.

– Und dann sind sie nicht mehr zurückgekehrt.

Jo, einige schon, aber nicht alle, denn es waren ja sehr viele Juden in Wischau, über 5 000 Leut, glaub ich.

– Wie war es dann nach dem Krieg in Oberwischau?

Das war für unsre Leut eine sehr schwere Zeit, viele waren ja geflüchtet mit den deutschen Truppen. Man hatte ihnen befohlen zu flüchten, sie hatten auch Angst, werden die Russen kommen und werden sie alle Deutschen erschießen. Na, wie sie dann sind wieder zurückkommen, was war in Wischau? Die Häuser ausraubt, alles verstohlen, alles weg. Die deutschen Häuser leer, kaputt, die jüdischen Häuser leer, kaputt. Na, dann sind ja auch die Juden zurückkommen, die, was noch am Leben waren, und da haben sie schimpft auf die Deutschen, haben sie sagt, die Deutschen sind schuld, daß man sie hat weggführt. Aber die Deutschen von Wischau, waren sie ja nicht schuld, weil hatten sie ja nichts gehabt mit den Juden.

– Und wie ist es dann weitergegangen?

Jo, jetzt haben die Juden wollen die Deutschen erschießen. Sind sie immer herumgegangen, jüdische Miliz, mit Gewehr und Pistolen und haben sie gefragt: *War der ein Hitlerist? War der mit den deutschen Truppen? War der bei der SS?* Aber die, was Hitleristen waren, die waren ja alle schon über die Berg, die waren mit den deutschen Truppen mitgangen. Und die, was bei der SS waren, die sind ja nicht zurückkommen, oder sie sind gestorben oder sie sind in Deutschland blieben. Und dann haben unsre Leut immer gesagt: *Mir ßein nit Hitlerist gwesn! Mir ßein nit pei ter SS gwesn!* Na, die Juden haben das nit wollen glauben. *Wie, kein Deutscher von hier war Hitlerist? Wie ist das?* Ist vergangen ein Jahr und mehr, bis sich hat beruhigt der Haß gegen die Deutschen, bis sie haben gemerkt: nicht die Deutschen haben ihre Häuser ausraubt, sondern die andern... weil auch die deutschen Häuser, man hat sie auch ausraubt, wie die jüdischen. Wir haben nichts von den Juden genommen, wir haben nicht braucht, was ist nicht unseres...

– Juden und Zipser haben dann, ab 1946/47, wieder in nächster Nachbarschaft gewohnt. Gab es dann auch wieder *ßo a khudi Freindschåft* wie früher?

Es waren ja nicht mehr so viele Juden wie früher in Wischau, es waren ja nur wenige zurückkommen. Die, was hier waren, ja, die haben gelebt dann in ihre Häuser, und daneben hat gelebt, hat gewohnt ein Zipser, aber *aßo a khudi Freindschåft, wie mir håbn ghåbt friehr,* des hat es nit mehr geben. Es war vorbei.

– Was war vorbei?

Die Zeit war vorbei. Weißt, Herr Claus, was ist vorbei, ist vorbei. Kann nicht mehr kommen, was war.

– Und warum war die Zeit vorbei? Es war ja nun einiges geklärt worden. Die Zipser hatten nicht die Juden bestohlen, und sie hatten auch nicht ihre Deportation gewollt.

Das hatte sich geklärt, aber so wie früher haben wir nicht mehr können zusammenleben mit die Juden, das war vorbei. Denn wann hatte gehabt einer einen Sohn, der war gangen zu der Waffen-SS, und ein Jud hatte gehabt vielleicht die ganze Familie im Lager verloren, also tot, dann hat der können sagen: *Möglich dein Sohn hat meine Frau und meine Kinder getötet!* Auch wann es hat nicht stimmen möchten, aber gesagt hat er es. Vielleicht aber hat es gestimmt, das hat man auch nicht können wissen. Wer weiß, was der Sohn vom Melega, der bei der SS war, alles so gemacht hat?! Unser Herrgott weiß es, aber der Mosche oder der Aaron hat es nicht können wissen, und dann hat er gesagt: *Dein Sohn, Nåchber, wår gewest bei der SS!* Und dann hat der Zipser nichts sagen können, denn es war ja so… Man *håt ßich nit mehr kinnen in tie Oogan schaun,* wie wir sagen. Jeder hat denkt: möglich, der ist mein Feind, der hat mich haßt, der hat mich gewollt töten… Ja, so war das nachher.

– War es dann nie mehr so wie früher: daß die Juden mit den Deutschen, den Zipsern, in Freundschaft leben?

Es ist dann geworden ein wenig besser, so, nach dem Jahr '50. Aber ganz so wie vor dem Krieg, vor dem Jahr '40, war es nicht, weil es hat nicht mehr können sein. Weißt, früher war das so – nicht in unserer Gassen, weil da waren keine Juden, aber drüben in der Graden Gaß –, das war so: hat die Zipserin braucht ein wenig Mehl, ist sie gangen zur Nachbarin, war die vielleicht eine Jüdin. Hat sie ihr gegeben Mehl *auf Porges.* Hast du gebraucht Hilf, bist gangen zum Nachbarn, auch wenn er war Jud, hat keine Wichtigkeit nicht gehabt, sollen er sein ein Mensch. Es waren keine *Problemer* nicht. Die Kinder haben sich gespielt auf der Gassen, es war kein Haß nicht, es war so, wie es war immer. Bis dann ist kommen der Funkenhauser, bis ist kommen der Hitler… Dann war es *zuerscht* ein wenig anders, weil die Leut haben sich ja gut verkommen mit die Juden, aber dann hat begonnen das Ganze…

– Was hat begonnen?

Das mit die Juden.

– Die Deportation?

Nein, noch nicht. Es sind einige von unseren Buben – na, was soll ich sagen? Holzfällerbuben: groß, stark aber wenig im Kopf – einige sind gegangen zur SS. Das war aber noch vor dem Frühjahr '43, wann sind dann sehr viele gegangen. Einige sind zur SS, und wie die sind zurückgekommen auf Urlaub, hat man können glauben, sie sind ganz große Herren, so sind da *umatumgangen* im Dorf. Dann haben sie prügelt die jüdischen Kinder auf der Gassen, haben ihnen abschnitten die *Peikles*, die Locken, haben immer so Spott trieben.

– Und hat niemand etwas gesagt, wenn die SS-Buben jüdische Kinder prügelten?

Nicht nur Kinder, auch Leut, auch Männer.

– Und hat niemand etwas gesagt, etwas getan?

Weißt, Herr Claus, das war ja so. Unsre Leut waren ja alle auf Arbeit: am Feld oder oben im Wald. Zu Haus waren nur die ganz Alten, die Kinder, was sind gangen in die Schul oder was haben geholfen in der Wirtschaft. Es war ja niemand da, was hat können reden mit denen von der SS.

– Und hat es nie einen Konflikt, ich mein *a Priegelei*, gegeben zwischen diesen SS-Buben und den anderen Zipsern?

War einmal so was. Hatte der alte Kraftschik-Batschi gesagt, sie sollen die Judenkinder in Ruh lassen. Und dann haben sie auch ihn so droschen, daß ist er nach Haus gangen, hat sich müssen legen ins Bett. Wie am Samstag seine Söhne, was waren oben *in Wasser*, sind *zahaus* kommen, haben sie gehört, was ihr Vater hat *patzit*. Hat er gehabt drei Söhne, sind sie gleich zum einen SS-Mann, war es der Sohn vom Schkurka, was hat drüben gewohnt in der Weidengaß, haben sie ihn so *zammschlågn*, daß ist nachher kommen der *Tschender* und hat sie alle drei einsperrt für eine Woche. Der andre SS-Mann war schon wegfahren, den habens nicht erwischt. Aber der, was sie haben *zammschlågn*, hat nachher sagt: *Wånn i wiedr kumm, schieß i ålli, wås heißn Kraftschik, tot!* Nach vier Tagen ist er wieder fortfahren auf die Front.

– Ist er wiedergekommen?

Ist er nicht wiederkommen, weil ist er selbst *derschossen* worden an der Front. So hab ich gehört. Ob es ist wahr, ich weiß es nicht.

– Der alte Kraftschik, den sie „zammschlågn" haben, lebt der noch?

Nein, ist er gestorben auf Schlesien, auf der Flucht.

– Wann sind dann die letzten Juden aus Oberwischau fortgezogen?

Das hat begonnen in den fuffziger Jahren. Da sind immer mehr wegzogen auf Israel, in ihr Land. Denn hier war ja kein Leben mehr für sie. Die Juden haben gesagt: hier sind sie nicht zu Haus, hier sind sie auch nicht in der Fremde. Damals gab es noch in der Grußn Gaß die große Synagoge, den Friedhof am *Judnpergl* – den gibts auch jetzt noch –, ja, es waren auch die alten jüdischen Häuser noch da, wo man hat jetzt Blocks gebaut. Aber die Menschen, die Menschen, die jüdischen Menschen waren nicht mehr da, und, ich glaub, darum sind die Juden, die was noch gelebt haben, wegzogen auf Israel...

Maria (Medy) Schmidt, *geb. am 8.12.1909 in Oberwischau (Vişeu de Sus), Besuch der deutschen Grundschule in Oberwischau und Mühlbach. Zeitweilig Krankenschwester, dann Beamtin, Hilfsbuchhalterin im Forstunternehmen Oberwischau, seit 1966 Rentnerin. Arbeitete bis etwa ein halbes Jahr vor ihrem Tod – am 11.7.1987 in Oberwischau – als Hausschneiderin. Begabte „Kaßka"- und „Mära"-Erzählerin.*

Tonbandaufnahme (gekürzt) vom 13. August 1986.

Ssollent ßie fiehrn aaf Årpeit

(Anna Jakobowitsch)

Jiddisch håb i gwußt gut; då wårn vieli Judn in ter Zipserreih', Romäner keine, ka Romäner wår hier nit, åbr jetzt ßein schrecklich vieli herkummen in tie teitschen Heisr. Tie Judn håbn glebt mit tie taitschen Leit in khudr Freindschaft, wårn hier in ter Gåß sechs jiedische Gewelber, Gschäftr. Tie Judn wårn khudi Leit, weißt', håbn fier uns immr porgt: wånn mir ka Geld håbn ghåbt, håbn ßie aa ßo gebn, und håbn mir dånn pazåhlt spåtr, wånn mir håbn Geld ghåbt. I håb nit gnommen aaf Porges, i håb immr schaut, i ßoll håbn Geld, ßoll i pazåhln. Vieli vun unsre Leit åbr håbn porgt vun tie Judn.

– Wu håbn tie Judn gwohnt, wie heißt tie Gåssn?

Tes wår hier in ter Grådn Gåssn, spåtr håt mån ßie gheißen Magyar-útca.

– Wårum håt ßie gheißn Magyar-útca, Ungårische Gåssn?

Weil hier håbn gwohnt nur teitsche Leit – jå, und tie Judn, abr dårum tie Magyaren håbn tie Gåß nånnt Magyar-útca, aßo gegn tie Teitschn.

– Wu wårn tie jiedischn Gewelber?

Aans wår turtn, wu jetzt tie *Ålimentara* is, tes wår tem Tulli Federweiß seins, håt er ßich gschriebn Federweisz, håt er ghåbt a Peisl, a Wirtshaus und a Gschäft. Nebn tem Wirtshaus wår tås Tånzhaus, wu tie jungn Leit håbn ßich tånzt. Då wår ter Schuster, a Jud, håt er gheißn Schtjop, wie er ßich håt gschriebn, i weiß nit mehr. Und då wår noch ter „schwårze Schustr", ßo håbn mir ihm ßågt, weil er håt ghåbt a ßehr schwårzes Håår und a schwårzn Pårt, ter wår aa a Jud. Und då war ter Fleischmann, was hat Fleisch verkaaft, ter war a Jud, und då wår a Gschäft, und då wår noch a Gschäft, triebn wår a Gschäft, und hintr uns, wu mir jetzt wohnen, wår aa a Gschäft... Wårn ßo zwelf Gschäftr då herum, aa in tie åndere Gåssn, håbn ßie gheißn Jakob, Mayer, tie ånderi Nämer i weiß ßie nit mehr.

– Vieli Judn håbn gwohnt triebn, in ter Judengåß, vun ter Grußn Gåssn hinein.

Jå, turtn wårn nur Judn, hier wårn mehr teitsche Leit. In ter Judengåß håbn nit tierfn wohnen Teitsche, tes håt ten Judn nit gfålln. Åbr in ter Zipserreih' då håbn mir nix ghåbt mit tie Judn. Hier wårns, hier håbns glebt – mit unsre Leit zammen.

– Wårum håbn tie Judn nit gwollt, dåß a Teitschr ßoll wohnen pei ßie, in ter Judengåß?

I waaß, håbn ßie wolln ßein untr ßich, ohne ånderi, tes wår ßo, tie Judn håbn wolln ßein in ter Judengåß und in tie ånderi Gåssn turtn allaan.

– Wårum håbn kaane Romäner gwohnt in ter Zipserreih'?

Waal tie håttn tå nix zu ßuchn, tes wår nit ihre Gåssn, tes wår a teitschr Ort, weißt? Tå wårn nur teitsche Leit!

– Und Judn.

Judn, jå, tes wårn ßo Leit wie mir, nit gånz wie mir, abr i mecht ßågn, fåst aßo wie mir. Nur mit tie Språchn wårns ånders, i mein, mit tie Språchn, wånns håbn gsprochn mit ßich; wånns håbn gsprochn mit uns, håbens sprochn teitsch odr zipserisch, gråd ßo wie mir.

– In ter Kleidung wårns aa ånders, i mein, mån håt gßegn, wer is a Jud und wer is a Teitschr?!

Nit immr. Tamolst wår es ßo, jedr håt ßich kleidet, wie er håt kinnen. Wårn mir jå årmi Leit, gelt?

– „Mir", meint Ihr, tie Teitschn *und* tie Judn?

Jå, i mein tie Teitschn *und* tie Judn, weil tie Judn wårn jå hier mit uns, wår ka Unterschied nit, weil wårn mir *gleich* årm.

– Erzählts mir noch awås vun tie Judn.

Jå. Wår tå a Jud, wås håt gwohnt nebn uns, wår er a ßehr gscheitr Månn, wår er a Lehrer, wås håt gelehrt tie Kindr in Glaubn, verstehst? Tie jiedische Schul håt gheißn Chedr, mir håbn ihn gheißn Heider. Wår er a ßehr Gscheitr. Håt er ghåbt a Tochtr, wås håt gheißn Blanka, wår ßie a ßehr scheeni, abr a schlechti, håt ßie ihm mächt viel Kränknis, håt er ghäbt mit ßie viel Grum. Nå, amol håt er ßägt zu mir: *Ånnå,* håt er ßägt, *Ånnå, mir Judn missen pazåhln fier ålli Ssind, was mir håbn gmåcht, aa tie Blanka, wås is mein Kind. Es wird kimmen ter Tåg, wånn mån wird uns ålli teten, i ßåg tes fier Eich, waal Ihr seids Teitsche. Wuher weißt, Heider,* håb i ihn frågt, *dåß mån wird tie Juden teten? Tes kånn i nit ßågn, åbr es wird kimmen ter Tåg!* I håb immr missn tenkn, wås håt ßägt ter Heider, åbr mein Mann håt ßägt: *Wårum ßoll man teten tie Judn, håbn ßie jå nix måcht, meglich mån wird teten tie Mådjaronen, wås immr håbn unsre Leit quält...*

– Wånn håt ter Heider tes ßägt vun tie Judn?

Tes håt er ßägt in Jahr '39, wie håt ånfångn ter Krieg mit tie Polacken, wie unsre Leit ßich håbn freit, daß ter Hitler håt ten Polacken es zeigt, wer is ter Herr. Tie Polacken, weißt, tes wårn ßo schlechti Leit... Tie, wås hier habn polackische Nämr, Zawatzky, Muschinsky, Jachmannowsky und ånderi sehr vieli, tes ßein rein teitsche Leit, tie Polacken ßein tie vun triebn, vun Galizien, vun mehr obn.

– Wås ist gschehn mit tem Heider?

Is er gstorbn – aus Kränknis, im Jahr '39. Und wås i noch mecht ßogn: Bevor er is gstorbn, er is schon glegn in Pett, håt er mich grufn (mein Månn wår im Wåld), håt er gsågt: *Ånnå, tes is ßo, ter Liebe Gott verlångt zurick, wås er mir håt gebn – tås Lebn. Tås Lebn håt nit mir gheert, tes wår aaf Porges, ßo wie ihr nemmt vum Jud. I muß påld zurickgebn, wås i håb porgt – mein Lebn. Vergeßt nit, wås i Eich jetzt mecht ßogn: tie Judn werdn sterbn, abr es werdn aa sterbn tie Teitschn, und wånn es keine Judn wird gebn in Wischo, es wird kimmen tie Zeit, wånn es wird aa keine Teitsche nit mehr gebn in Wischo!* Ich håb ßägt: *Is nit meglich, wånn es wird keine Teitsche mehr gebn und keine Judn, wer wird ßein in Wischo, wird ßein tås Dorf leer?* Håt er ßägt: *Nein, werdn kimmen tie Romäner, tie werdn ßein in Wischo, und ihr werdet weggehn vun Wischo!* Tamolst i håb ßägt fier tie Leit, wås håt ßägt ter Heider, bevor er is gstorbn, åbr tie Leit håbn glächt: wås kånn ßågn a åltr Jud, wår er meschugge... Åbr aßo is es kummen, ter Krieg, tie Flucht, Deportation aaf Årpeit auf Rußlånd, viel Grum fier unsre Leit, und jetzt ziehn ßie aaf Teitschlånd...

– Sſågt noch amol: ter Heider wår a jiedischer Lehrer? Wår Heider ßein Nämer odr wås?

Heider wår ßein Nämer, aßo håbn mir ihn nennt, åbr gschriebn håt er ßich Schmiel – Schmiel Foigl odr Foigel; Foigel heißt Vogel, is a jiedischr Nåmen.

– Und tie Blanka, tie Tochtr vum Schmiel Foigel, wu is?

Tie håbens wegfiehrt aaf Årpeit, åbr tånn tie Leit håbn ßågt, mån håt ßie tetet – ßo wie håt ßågt ihr Våtr. Ter årmi, wår er a Khudr! Hätt er noch kinnen lebn, waal wår er nit ßo ålt.

– Wånn er nit wär gstorbn in Wischo, hättens ihn aa wegfiehrt in Lågr.

Jå, ßegts, tes is ßo: unsr Herrgott håt nit wolln, ßoll er sterbn in Lågr, tårum er håt ihn vorher zurickrufen...

– Tås Lebn wiedr åbverlångt.

Jå, tes kånn unsr Herrgott, waal er håt tås Lebn gebn, er kånn es nehmen, niemand ånders nit...

– Wås håbts mächt, wie mån håt wegfiehrt tie Judn vun Wischo?

Mir håbn nix måchn kinnen. Mir håbn frågt tie Ssoldåtn, wås ßein kummen in tie jiedischn Heisr, wås måchts mit tie Judn? Tie håbn ßågt, ßie måchn nix mit tie Judn, ßollent ßie fiehrn aaf Årpeit.

– Ihr håbt glaubt, dåß mån wird fiehrn tie Juden „aaf Årpeit“?

Jå, tes håbn mir glaubt.

– Åbr ter Schmiel Foigel håt toch ßågt, dåß werdn ålli Judn tetet. Sso håbt Ihr gwußt, wås wird ßein mit tie Judn.

Tes, wås håt ßågt ter Foigel-Schmiel, håbn mir nit glaubt. Mir håbn nit kinnen denkn, mån wird tie Judn teten, waal ßie håbn jå nix mächt, ßie wårn jå unschuldigi Leit, årmi Leit, wårum ßoll mån ßolchi Leit teten? Tes håt aa ßågt mein Månn. Wer ßoll teten årmi Leit, wås nit amol håbn ghåbt a gånzi Hosn odr a gånzi Schuch? Fier wås?

Anna Jakobowitsch, *geb. Atzberger, geb. am 18.5.1904 in Oberwischau (Vişeu de Sus), Besuch der deutschen Vierklassenschule, 1911–1915, anschließend in der Wirtschaft ihrer Eltern beschäftigt, war verheiratet, fünf Kinder, jetzt Witwe, Hausfrau, sehr kleine Rente nach dem Mann, der als Holzfäller und Flößer gearbeitet hat.*

Tonbandaufnahme vom 20. Juli 1986.

Ein Amper Wasser für ein Goldring

(Elisabeth Jurtschuk)

Wie ich war dreizehn Jahr, bin ich kommen mit meiner Mutter aus Klausenburg auf Oberwischau; hatte ich keinen Vater, und meine Mutter war eine einfache und arme Frau, so hab ich müssen arbeiten gehn. Später hab ich geheiratet einen Vetter, Josef, was hat auch geheißen Jurtschuk, wie meine Mutter (war er aber sehr viel älter wie ich), darum hab ich den Namen nicht gewechselt, bin ich geblieben Jurtschuk... Das war im Jahr '43 vor Weihnachten, und ich hab mich gestaunt, wieviel Juden waren damals in Oberwischau. Dann, an einem Tag in der Früh, wie ich bin gegangen etwas einkaufen, hab ich auf einmal gesehn, daß alle Juden tragen einen gelben Stern auf der Brust. Hab ich mich gestaunt und hab fragt: *Was ist passiert? Warum müßt ihr einen Stern tragen?* Na, die Juden haben gar nichts geantwortet, die sind weitergegangen, bis eine jüdische Frau mir gesagt hat: *So hat es verlangt der Kadicsfalvy!* (Der Kadicsfalvy war der ungarische Bürgermeister, ein Ungar, was war kommen nach dem Jahr '40 nach Oberwischau.)

– Hat sich dadurch, daß die Juden einen gelben Stern tragen mußten, etwas in den Beziehungen zwischen Juden und Deutschen geändert?

Wegen dem Judenstern? Nein, hat sich eigentlich nichts geändert, waren wir mit ihnen weiter so wie bisher, hab ich weiter grüßt die jüdischen Nachbarn, weil hatte ich ja nichts mit ihnen; und nach einiger Zeit, weißt, hat man sich auch schon gewöhnt, daß die Juden tragen einen gelben Stern. Aber was sich doch hat geändert, war: die Leut haben bekommen Ängsten...

– *Ängsten* wovor?

War nicht etwas Bestimmtes, verstehst mich? War nur die neue Situation, daß man die Juden hat *markiert* mit einem Stern. Warum sollen sie tragen einen Stern? Für was? Aber dann hat man sie auch bald wegführt...

– Wann hat man sie weggeführt?

Das war im Jahr darauf, im Jahr '44, das Monat weiß ich nicht mehr genau, aber es war schon warm und haben die Bäume blüht, es war ein sehr schöner Frühling gewesen, und viel Frieden war im Wassertal, weil bis dann haben wir ja vom Krieg wenig spührt... Da sind die ungarischen Polizisten – wir haben gesagt: *tábor csendőr* – an einem Morgen gegangen ins Ghetto, das waren die Gassen um die Judengaß, und dann sind sie auch gangen durch den ganzen Ort und haben alle Juden, Kinder, Frauen, alte Leut, aus den Häusern holt, sie mit den Füßen treten und schlagen und abführt.

– Warum haben sie die Juden mit den Füßen getreten?

Weil manche haben nicht wollen herauskommen aus den Häusern, hatten sie Angst, dann haben die Kinder geweint, die Frauen haben geweint, manche alten Leut waren krank, waren gelegen im Bett, konnten nicht gehn, dann mußten die andern sie stützen oder tragen. Also, die, was geweint haben, haben noch kriegt Prügel, die hat man noch treten mit die Stiefel, damit sie ruhig sind.

– Wohin hat man die Juden geführt?

Zum Bahnhof Oberwischau. Dort sein die armen Leut gesessen auf der Erd, manche mehrere Täg, bis man sie hat einwaggoniert und auf Sigeth geführt. Es war damals eine große Hitzen, und die Polizisten haben nicht erlaubt, daß man soll den Juden Wasser geben zu trinken. Wir sind hingegangen und haben von weitem geschaut, wie die Juden sind gesessen mit ihren Kindern auf der nackten Erd in der Sonne. Sie haben immer gerufen: *Wossr! Wossr!* Dann haben sie auf ungarisch bittet: *Víz! Víz!*... Aber die Polizisten haben gelacht, und eine Nachbarin hat erzählt, daß die Polizisten haben Spott getrieben mit den Juden, haben in Flaschen hineinbrunst und dann Wasser zuschüttet und haben das gegeben für die Juden, sollen sie trinken. Andre haben ins Wasser Salz getan, und haben ihnen geben Salzwasser. Wenn dann die Juden nicht haben können trinken die *Poschirka*, haben die Polizisten lacht, haben sagt: *Na, ihr seid ja gar nicht durstig!* Dann, wann einer hat müssen machen *kaka* – verstehst? –, hat er nicht dürfen weggehn, weil hatte er vielleicht können weglaufen. Darum hat er müssen machen *kaka* dort, wo er ist gesessen. Kinder, Frauen, Männer haben müssen machen *kaka* und *pipi* dorten, wo sie sind gesessen (so hat man gesagt, hab ich es nicht selbst gesehn, weil Kinder durften nicht lang dort stehen, hat man uns dann wegschickt). Hat man gesagt, daß waren Offiziere (war ja hier viel Militär), was haben gemacht Fotos von den Juden, wie sie machen *kaka* neben ihrer Familie, wie sie sein dort hockt...

– Die Juden sind also vor dem Bahnhof Oberwischau *auf der nackten Erd* gesessen, und niemand durfte ihnen Trinkwasser bringen?

Nein. Hat man nachher gesagt, die Polizisten und Wächter haben auf der Nacht Trinkwasser verkauft an die Juden: ein *Amper* Wasser für ein Goldring! Aber ob das ist wahr, weiß ich nicht. Ich weiß nur, daß sie sind dorten gesessen auf der nackten Erd, in der Sonne, und wann es hat geregnet, im Regen. Auf der Nacht haben die Wächter anzündet große Feuer, soll man sie sehn, soll keiner können weglaufen...

– Und wenn einer trotzdem weggelaufen wäre?

Hätten sie ihn derschossen, sofort. Ein Jud zu derschießen, war damals keine Sünd (soll Gott mir verzeihn, daß ich das sag, aber so war es gewesen).

– Wohin hat man dann die Wischauer Juden geführt?

Wie mein Mann später hat gesagt: zuerst auf Sigeth, dann auf Kaschau, und von dort weiß ich nicht. Später hat man gesagt, sie waren alle auf Auschwitz.

– Und nach dem Krieg?

Nach dem Krieg waren nur noch wenige Juden in Wischau. Weil die meisten, hat man gesagt, sind umbracht worden in Auschwitz. Und dann war ein sehr großer Haß zwischen den Juden und den Deutschen, und die Juden haben dann alle deutschen Männer und Frauen wegführt auf Rußland, zur Arbeit.

– Nicht die Juden haben die Deutschen aus der Maramuresch deportiert, sondern die Russen.

Ich hab aber immer nur so gehört: das haben die Juden gemacht! Wollten sie sich rächen.

– Das stimmt nicht, die Juden haben mit der Deportation

der Deutschen nichts zu tun. Die Deutschen wurden im Januar 1945 auf Zwangsarbeit verschleppt. Damals aber waren die Juden, die den Faschismus überlebt hatten, noch gar nicht aus den Lagern zurückgekehrt.

Möglich, es ist so. Aber hier haben manche Leut immer gesagt: die Juden sind schuld am Krieg, die Juden sind schuld, daß man die Deutschen aus Oberwischau hat wegführt auf Rußland... Ich kann nur sagen, was ich hab gehört, ich war damals vierzehn Jahr alt.

– Hat man auch Euren Mann deportiert?

Nein, den Seppi Jurtschuk hat man nicht auf Rußland genommen, weil er war schon zu alt. Man hat nur die jungen Männer und Frauen genommen.

– Hat Euer Mann auch jüdische Freunde gehabt?

Ja, hat er gute jüdische Freunde gehabt, aber das war vor dem Krieg; hat er auch gut jüdisch sprechen können – so wie ein Jud. Einmal, das war so ein Brauch, einmal, wie er war ein Kind, war er sehr krank, und er sollte schon sterben. Dann hat seine Mutter gerufen einen Juden, Moische Lehner, und hat ihn bittet, er soll den Seppi abkaufen (man hat nämlich so dacht: wenn du verkaufst ein stark krankes Kind einem Jud, dann wird das Kind wieder gesund, weil unser Herrgott läßt nicht zu, soll ein Christenkind werden ein Judenkind). Na, der Lehner ist gekommen, hat gegeben Geld für den Seppi, und jetzt hat der Bub ihm gehört. Er hat ihn aber nicht mitgenommen, er hat ihn dorten gelassen im Bett. Na, das ist wirklich wahr: nach zwei Tagen war der Seppi schon beinah gesund, er ist aufstanden aus dem Bett. Jetzt, so war der Brauch, hat der Lehner wieder zurückschenkt seiner Mutter (ist er kommen, hat sagt: *Anna, schenk ich far dir zurick den Puben, weil hab ich schon fimf Kinder zahaus, brauch ich nit haben noch aans*; und sie hat ihm dann zurückschenkt das Geld). Mein Mann aber, wie er war schon erwachsen, hat er das immer noch erzählt, daß er drei Tage war ein Judenkind, und dem Moische hat er gesagt im Spaß: *Tateleben.* Ich hab nach dem Krieg nur noch vier Juden gekannt...

– Wie haben die geheißen?

Das war der Doktor Steingießer, dann sein Schwiegersohn,

der Doktor Schmucker, dann noch zwei, die waren beide *Dentisten*, Kaufmann und Fülöp. Wie der Kaufmann ist gestorben, war ich auf dem Begräbnis, oben am Judenbergel, und ich hab mich sehr staunt, weil der ist nicht gelegen in einer Totentrugl, sondern auf Stroh, auf der nackten Erd. Und dann haben sie ihn gewickelt in ein Tuch, was war aus Leinen und mit der Hand gerissen und haben ihn legt in eine Kisten aus rohen Brettern. Vorher aber haben sie ihm legt Tonscherben auf die Augen: Wenn der Jüngste Tag wird sein, soll er sagen können, daß er hat nichts gesehn! So war das der Brauch bei den Juden. Damals hab ich geweint, weil ein Jud ist gestorben, denn war er ein sehr guter Mensch gewesen, der Kaufmann, sonst hab ich nicht geweint, wie ich hab gehört, daß so viele Juden sind gestorben, weil ich hab keinen näher gekannt, waren sie für mich fremd.

Elisabeth Jurtschuk, *geb. Jurtschuk, geb. am 29.10.1930 in Klausenburg (Cluj-Napoca), besuchte drei Klassen der staatlichen ungarischen Grundschule in ihrer Heimatstadt und anschließend, als dreizehnjähriges Mädchen, noch eine Klasse der deutschen Allgemeinschule in Oberwischau, autodidaktisch gebildet, war verheiratet mit Josef Jurtschuk, Forstbrigadier, Witwe, hat eine Tochter und zwei Enkelkinder, ist Schwester am Krankenhaus Oberwischau.*

Tonbandaufnahme (gekürzt) vom 20 Juni 1989.

Mehr mecht ich darieber nicht sprechen

(Johannes Kasimir Bachnetzky)

Ich bin geboren in Rosalien, ein Jahr bevor der Erste Weltkrieg ist ausgebrochen. Damals haben gelebt dort nur Romänen, Ruthenen und schrecklich viele Juden; waren auch einige Deitsche und Ungarn, aber wenige. Rosalien war fast ganz jiedisch. Und dann bin ich gekommen mit meinen Eltern nach Oberwischau (mein Vater war aus Polen einwandert, zusammen mit seinem Vater, was war ein echter Pole, aber *mein* Vater war schon ein echter Deitscher)... In Oberwischau, na, auch da waren schrecklich viele Juden, der Ort war mehr jiedisch wie deitsch, wo man hat hinschaut: ieberall nur Juden.

– Aber es gab hier auch viele Deutsche, außerdem Rumänen und Ruthenen.

Ja, aber die Herrschaft war jiedisch!

– Wie meint Ihr das?

Also, die Juden haben gefiehrt das große Wort, die Deitschen haben gearbeitet, die Juden haben nur mit Schwindelei gelebt. Hatten sie *Gewelber, Gschäfter*, und haben sie gemacht Schwindelein, gearbeitet haben die nicht, die Juden waren die Herren.

– Was für *Schwindelein* haben die Juden so gemacht?

Na, haben sie gemacht Geschäfte mit Hei, mit Schäf, mit alles, was war zu verkaufen, und haben sie viel Geld verdient.

– Und wem haben sie das Heu und die Schafe verkauft?

Na, unsern Leit, den Deitschen, denn sie haben ja nicht braucht Hei.

– Und wenn aber die Juden *unsern Leit* nichts verkauft hätten, woher hätten dann *unsre Leit* das Heu bekommen?

Von niemand! Das ist es ja, es war kein Hei, und haben wir missen kaufen vom Jud. Weil anders hast ja nix kinnen bekommen.

– Gab es auch jüdische Arbeiter?

Ja, aber das waren die Dummen, weil *die Spitzigen* haben gemacht *Schwindelein, Geschäfter.*

– Gab es viele Dumme unter den Juden?

Genug viele, weil war ja auch viel jiedisches Volk hier im Tal. Und die Armen, die schwer gearbeitet haben, das waren die Dummen!

– Es gab aber auch jüdische Handwerker – Schuster, Schneider, Spengler, Kürschner, Bäcker, Metzger, Goldschmiede, Uhrmacher – waren das auch Dumme?

Tju, ich weiß, was Ihr wollt zeigen! Ihr wollt mir beweisen, daß die Juden haben *auch* gearbeitet. Bitte scheen, die Juden haben auch gearbeitet; aber die, was nicht gearbeitet haben, waren Schwindler, Betrieger, das wird kinnen sagen jedes Kind, was damals hat gelebt!

– Erinnert Ihr Euch an einige Schwindler?

An einen erinner ich mich gut, das war gewesen der Elephant, der Besitzer vom Sägewerk, ein großer Kapitalist, einer, was hat gehabt sehr viel Geld.

– Beim Elephant haben außer Deutschen und Rumänen auch viele Juden gearbeitet.

Allerhand Volk hat dorten gearbeitet.

– Aber der Elephant war ja nur einer von den vielen Schwindlern. Wer waren die andern?

Die mit den kleinen Geschäftern, die was haben gemacht den Handel.

– Also die Kaufleute.

Ja, die mit den *Gewelber.* Haben sie gegeben Waren *auf Porges,* und dann, wann einer hat nicht kinnen zahlen, haben sie verlangt seinen Garten, sein Haus, seinen Besitz. Das waren die greeßten Schwindler!

– Ja, aber Schuld daran waren doch diejenigen, die bei den Schwindlern eingekauft haben, ohne zu bezahlen. Denn wenn ein Zipser nichts *auf Porges* genommen hätte, wäre er niemandem etwas schuldig geblieben, und dann hätte der andere, der Jud, ihm nicht ein Stück vom Garten wegnehmen können.

Ihr versteht nicht. Die Leit haben genommen *auf Porges*, weil sie hatten kein Geld nicht, zu nehmen auf Bezahlen.

– Ich verstehe, aber wenn man kein Geld hat, kauft man nicht ein; dann hat man auch keine Schulden, und niemand kann einem was wegnehmen.

Ihr versteht nicht, wie die Juden haben das gemacht: sie haben gesagt, man soll bei ihnen kaufen, auch *auf Porges*; und nachher haben sie gesagt, wann kannst nicht bezahlen, mußt hergeben ein Stück von deinem Garten oder eine Kuh oder was anders. Und der arme Christ hat dann missen zahlen...

– Aber warum hat *der arme Christ* nicht gleich bezahlt, wenn er beim Juden einkaufen war?

Weil er hatte ja kein Geld! So kenn wir uns bereden bis morgen in der Frieh. Ihr sagt eins, ich sag was anders, und niemand will geben dem andern recht. Aber ich kann Eich sagen, waren da noch viel gescheitere Leit wie uns, und haben sie stritten wegen die Juden; denn wo Juden waren, da war auch Streit, da ist es nicht gut ausgangen.

– Aber jetzt gibt es ja keine Juden mehr, das heißt, nur noch sechs Einwohner von einst fünftausend in ganz Oberwischau...

Und trotzdem haben wir Streit!

– Ja, aber nicht wegen den Juden, sondern weil *die armen Christen* Schulden gemacht haben und sie dann nicht bezahlen konnten. Davon sind wir ausgegangen.

Nein, wir sind ausgangen davon, daß die Juden waren Schwindler, und Ihr, mein lieber Herr, habt mir wollen beweisen, daß die Juden sein keine Schwindler gewesen. Aber das ist Eich nicht gelungen, denn die Juden waren Schwindler, und das ist die Wahrheit, und mehr mecht ich darieber nicht sprechen!

– Noch eine Frage: Könnt Ihr mir etwas erzählen über die Deportation der Oberwischauer Juden nach Auschwitz?

Man hat die Juden *auf Arbeit* gefiehrt, wohin, weiß ich nicht, denn ich bin nicht mitgangen, ich hab nicht gesehn, wo sie sind ankommen und was haben sie gemacht. Ob das war Auschwitz oder ein anderer Ort, weiß ich nicht, hat mich auch nicht interessiert, weil ich bin kein Jud.

– Aber vom Lager in der ehemaligen Herrengasse, der heutigen *strada* Lenin, habt Ihr doch gehört?

Nein, nichts geheert…

– Es hat dort aber, 1944, tatsächlich ein faschistisches Arbeitslager gegeben.

Meeglich, aber ich hab davon nichts geheert. Seht, ich war nicht bei der SS, mir kann man nichts nachsagen, ich hab nichts gehabt mit dem Horthy, ich hab nichts gehabt mit dem Hitler, ich bin kein Faschist. Und wenn jemand mich fragt, ob ich hab was gegen die Juden, sag ich ehrlich, daß ich hab nichts gegen die Juden, sind auch sie Menschen, sind sie Schwindler, ja, muß es geben auch solche, aber ich hab nichts gegen sie… Waren schrecklich viele Juden hier, jetzt sind keine mehr, na, so ist es gekommen, fier die einen schlecht, fier die andern gut. Was der Hitler gemacht hat, hat er gemacht, ich hab es nicht gesehn, ich war nicht gewesen in Auschwitz, meeglich, das war was in Auschwitz, meeglich, das war nichts… Aber mehr mecht ich darieber nicht sprechen!

Johannes Kasimir Bachnetzky, *geb. am 18. 5. 1913 in Rosalien (Rozavlea), Besuch der staatlichen ungarischen Grundschule in Oberwischau, Ausbildung als Forstgehilfe, später Förster im Wassertal und im Tal der Goldenen Bistritz, war verheiratet, kinderlos, Rentner.*

Tonbandaufnahme (gekürzt) vom 21. April 1989.

Nachtrag

– Erzählt mir noch einmal vom Förster Falger und seinem Hund.

Ja, also wer der Ferster Falger war, wißt Ihr. Das war ein sehr guter Mensch, hatte er einen großen Bart, war auch er groß gewachsen, ein scheener Mann, und ist er immer gangen in Lederhosen und Kniestrimpf, auch im Herbst, bis ist kommen der Winter. Erst wenn der erste Schnee ist kommen, hat der Ferster Falger lange Hosen anzogen – so ein Mann war das! Und hatte er einen Hund, war es ein Jagdhund, von guter Rasse, ein scheenes Tier, ein sehr *spitziges* Tier – so gescheit wie ein Mensch! Wenn der Ferster Falger ist kommen aus dem Wald und hat wollen ein Bier trinken, ist er gangen zur Brucken, ins *Peisl.* Na, hat er sich hinsetzt und hat ihm der Wirt, a Jud, gleich bracht das Bier. Hat aber der Ferster Falger auch bestellt eine Wurst fier den Hund, denn sollte der was essen. Hat der Wirt bracht die Wurst und hat sie hinlegt auf den Tisch. Dann hat der Ferster Falger die Wurst auf den Boden legt, gerad vor dem Hund seine Nase und hat sagt: *Pfui, ist sie vom Jud!* Na, der Hund hat sich nicht riehrt, die Wurst ist dort legen, ist ihm tropft das Maul, hat er saftelt, aber die Wurst hat er nicht genommen. Dann hat der Falger die Wurst wegnommen, und nach einer Minute hat er sie wieder zuricklegt, hat gesagt: *Jetzt ist sie gut! Iß!* Na, jetzt hat der Hund die Wurst gessen! So *spitzig* war das Tier.

– Ja, aber auch der Förster Falger war *spitzig,* denn er hat dem Tier das beigebracht!

Ein ganz ungeweenlicher Mensch! Aber der Hund war schon auch *gscheit,* weil andre Leit haben auch versucht, ihre Hund zu lehren, sollen sie nicht fressen, *was ist vom Jud.* Viele haben versucht, die Hund das zu lehren, aber es ist nit gangen, waren die Tiere zu dumm, warens keine Rassenhunde, dumme Zipser Hunde, habens immer gleich alles gefressen, was man ihnen hat geben. Der Hund vom Ferster Falger war anders, hat sich kennen beherrschen, hat er gehabt Charakter!

Johannes K. Bachnetzky: *Tonbandaufnahme vom 20. Juni 1989.*

Die Friedl vom Bäcker Dudya

(Rudolf Jachmannowsky)

– Rudi-Batschi, Ihr habt mir im vergangenen Jahr einiges über die Flucht der Zipser und die Deportation der Juden aus Oberwischau erzählt. Ich möchte gern darüber mit Euch noch einmal sprechen. Wann hat man begonnen, die Juden zu verfolgen?

Weißt, das war so: bis zum Jahr '40 haben wir nichts mit den Juden gehabt. Sie haben da gelebt, wir haben da gelebt, in Nachbarschaft, in Freindschaft, es war kein Haß nicht da gegen die Juden. Man hat nicht gewußt, was ist das, der Haß gegen die Juden…

– Und später hat man dann gewußt, was „der Haß gegen die Juden" ist?

Auch später nicht, wir haben die Juden nicht gehaßt, warum sollen wir sie hassen, sie waren ja unsre Nachbarn, Leut wie wir, nicht besser, nicht schlechter. Mit dem Haß war das so: einige haben gesagt, man muß hassen die Juden, die sind unsre Feinde, die sind schlecht, und was weiß ich, was man noch so hat gesagt, und die haben dann die Juden gehaßt.

– Warum haben sie dann die Juden gehaßt?

Weil einige so gesagt haben.

– Ich verstehe das nicht: heute ist man mit seinem Nachbarn in guter Freundschaft, wie man hier sagt, und morgen haßt man ihn plötzlich, nur weil einige Leute verlangen, man soll seinen Nachbarn hassen.

So war es.

– Wer waren diese Leute, die den Haß predigten?

Einige, Ihr wißt schon wer, ich will die Namen nicht sagen. Sie sind auch schon alle weg, sind in Deitschland, dort kennt sie niemand nicht.

– Erzählt noch einmal, wie das im Jahr '40 begonnen hat.

Im Jahr '40 ist kommen die Marmarosch an Ungarn.

Dann hat man ungarisches Militär hergebracht, Polizisten … Dann hat der Karl Funkenhauser eine neie deitsche Schule ereffnet, ja, dann hat es begonnen: man hat gegen die Juden geredet…

– Wer hat „gegen die Juden geredet"?

Einige Leit, waren es nicht solche ohne Schule – die, was mehr gelernt hatten als unsereiner; ich hab ieberhaupt keine Schul besucht, ich kann nicht lesen, nicht schreiben, aber ich war viele Jahr Forstbrigadier, hatte fünfhundert Arbeiter unter mir…

– Erzählt mir von den Juden!

Gut. Das war im Jahr '42, da hat man begonnen, die Juden abzutransportieren – die aus der Judengaß, dem Ghetto, und die aus der Zipserreih', dem deitschen Teil, wo damals nur Zipser gewohnt haben…

– Zipser und Juden.

Juden weniger, denn die Juden haben gewohnt in der Judengaß und dorten, wo das Ghetto war.

– Wo war das Ghetto?

Das Ghetto war von der Berggasse, dann die Judengaß, dann hinieber bis zur Großen Gasse, die nach Borscha fiehrt. Da war alles absperrt, dorten mußten die Juden wohnen, andre durften dorten nicht hinein.

– Und wie ging es dann weiter?

Man hat die Juden *zammtrieben* und in einen Garten sperrt, oberhalb von der Obrescha, am Bergl. Dorten haben sie warten missen, ein-zwei Wochen sind sie dorten im Gras gesessen und haben gewartet, bis man sie hat einwaggoniert, und dann hat man sie *auf* Sigeth gebracht. Von dorten sind sie dann ins Lager, das weiß ich, weil ich hab noch Leit von hier in Deitschland getroffen…

– Darauf kommen wir noch zurück. Das sollt Ihr mir wieder so ausführlich erzählen.

Also, im Jahr '44 war dann der letzte Transport. Da war ungarisches Militär im Tal, deitsches Militär, die Wehrmacht, und da waren die *Tschender*, die *Schandarmen*; die haben gewacht, daß niemand zu den Juden geht. Die waren dorten im Garten einsperrt. Ich bin aber am Abend, wenn die Wächter haben Karten gespielt oder getrunken, hinschlichen und hab den armen Leit Brot getragen und Milch, wieviel ich tragen konnte. Denn dorten waren ja auch kleine Kinder, und die hatten nichts zu essen, die haben geweint, es war sehr *schiech* fier die armen Leit. Aber die Wächter waren große Saufhansl, am Abend waren sie immer schon weg, dann haben sie sich auch schon manchmal vergniegt mit *Kurwen* von hier aus dem Dorf, von anderswo. Aber das war das Glick fier die Juden, denn sonsten wer hätt ihnen tragen kennen was zum Essen.

– Haben auch andere Zipser den Juden geholfen?

Ja, waren noch welche, die in der Nacht sind kommen mit Packeln mit Brot und Essen. Aber wir haben uns nit gesehn, niemand hat sollen wissen, wer der andre ist, weil die Leit hatten so große Ängsten vor den Wächtern.

– Was ist mit den jüdischen Häusern geschehn? Jetzt war ja niemand mehr da, denn zwei Jahre vorher hatte man die jungen Männer und Frauen deportiert.

In die jiedischen Heiser hat man Leite aus Borscha gebracht und von anderswo.

– Was für Leute waren das?

Na, solche, die was nichts hatten. Die haben sich hingesetzt ins Fertige, die haben alles bekommen, fier was der Jud hat gearbeitet ein ganzes Leben…

– Erzählt mir noch einmal über die Flucht und wie Ihr dann nach Kratzau gekommen seid.

Das war am 10. Oktober im Jahr '44, da sind wir, alle Zipser hier aus dem Wassertal, aber auch die von Borscha und Pfefferfeld, mit den deitschen Truppen geflichtet. Zuerst sind wir gefahren, mit dem Pferdewagen, nach Norden, ieber die Theiß, in die Karpatenukraine, ins Karpatenland, wie man auch frieher gesagt hat. Das war eine sehr scheene Gegend, viele deitsche Derfer hat es da gegeben, auch Zipser haben dort gewohnt. Rauhau, *Neidorf, Kenigsfeld, Kreizfeld,* dann Bustenhausen, Dombhau, und wie sie geheißen haben, ich erinner mich, es waren sehr scheene Derfer, aber nachher hat man die Leit von dorten verjagt, die sind gelaufen um das liebe Leben...

– Wohin ging es dann weiter?

Zuerst nach Teutschenau-Tecső, dann nach Hußt – auch scheene große Städte, dann weiter – ich weiß noch genau den Weg, seh alles, wie als wär es gestern gewesen –, Preschau, Zillein, Ostrau, Olmütz, Zwittau, *Kenigsgrätz*, Reichenberg. In Reichenberg, das war schon in Deitschland, da war deitsche Verwaltung, die teilte uns zu nach Kratzau, was vorher hast gesagt. Dort war fier uns die Endstation, in Kratzau sind wir blieben. Weil ich war auch Baumeister, hab ich gearbeitet in den Baracken. Wir haben dorten Baracken gebaut, unser *Scheff* war ein Deitscher, ein guter Mensch, muß ich sagen. Ich erinner mich auch heit noch, wie er sagt: *Jachmannowsky, das ist scheene Arbeit, was Sie machen!* Ist mir immer so gut kommen, wenn er mich hat gelobt, weil da waren ja auch andere Arbeiter, Baumeister, Zimmerleit, und die waren aus andern Gegenden, auch Deitsche, Volksdeitsche, aber nicht so fleißig wie ich, der Zipser. Ja, sollen wir uns nicht zu viel loben...

– In Kratzau habt Ihr dann eine Oberwischauerin getroffen.

Ja. Da war ein Fluß, eigentlich ein großer Bach, aber die Leit haben gesagt: der Fluß. Auf der Seite, wo wir waren, mein Meister und ich und die andern, da sollte eine Fabrik gebaut werden, dafier haben wir die Baracken hinstellt. Auf dem andern Ufer, drieben, das war gewesen ein Lager, ein Arbeitslager. Und man hat immer gesagt: Dorten sind Jiedinnen. Die sind an jedem Morgen auf Arbeit gegangen. Wir haben sie immer gesehn, von weit, weil wir waren ja hier am Ufer. Haben sie sehr *ruptich* aussehn, die Jiedinnen, hat kennen der Wind durch sie durchblasen, wie man bei uns sagt. Wir waren aber auch manchmal drieben, am Ufer, wo das Lager ist gewesen, und da sind sie an uns vorbeigangen, und haben sie immer auf den Boden geschaut, hab ich kein Gesicht nicht kennen sehn, weil haben sie immer nur auf den Boden geschaut. Hab ich den Meister gefragt: *Warum schaun die nicht auf uns?* Hat er gesagt: *Die dierfen nicht auf uns schaun, die dierfen ieberhaupt niemanden anschaun! Das ist verboten!* Wie sie an einem Tag wieder einmal an uns vorbeigehn, fiehl ich, wie jemand hält mir die Augen zu, so wie wir das haben gemacht frieher, wie wir waren Kinder. Ich ruf: *Sşåg mir, wer pist?!* Heer ich die Antwort: *Kennst mich nit mehr, tie Frieda!* Und hat sie die Hände von meinen Augen genommen. War es gewesen die Frieda vom Bäcker Dudya von Oberwischau. Weißt, mit der Frieda haben wir sich gespielt, wie wir waren Kinder. *Wås måchst hier?* hat sie fragt. *Wås ßoll i måchn*, hab ich gesagt, *i årpeit pei tie Paråckn, åbr tu, Friedl?* Hat sie auf den Boden geschaut, hat sie gesagt: *I årpeit aa...*

– Wo haben die Jüdinnen gearbeitet?

Was ich hab kennen sehn, war es am Feld. Haben sie gearbeitet von in der Frieh bis am Abend, auch wenn es hat geregnet, auch wenn es war Wind... Na, und auf einmal ist kommen die Sturmfiehrerin, ein Weib groß und stark *wie a Kuh*, hat sie angehabt Stiefel, Uniform, und hat sie gehabt *a Korbatsch*. Hat sie damit auf die Friedl so droschen wie auf ein Hund. Die Friedl ist gelaufen zurick zur Kolonne. Dann hat sie den Revolver gezogen und hat geschrien: *Und dich erschieß ich, du Hund!* Ich aber hab zurickschrien: *Was? Du sagst mir Hund? Ich bin ein Zipser aus Wischau, und mir hat noch niemand Hund gesagt!* In der Hand hab ich gehabt einen schweren Hammer, mit dem hab ich reinschlagen Pflecke in die Erde. Na, den hätt ich der ins Gesicht geworfen. Wenn die mich umbringt, ich bring sie auch um! Mich hat nichts mehr interessiert. Dann hat die *Verfluchti* wieder geschrien: *Du hast mit der Judensau geredet, das ist verboten!* Ich aber hab wieder zurickschrien: *Das ist keine Sau, das ist die Friedl vom Bäcker Dudya aus Oberwischau!*

– Hat die Sturmführerin überhaupt verstanden, was Ihr sagt – „vom Bäcker Dudya aus Oberwischau"?

Weiß ich nicht, hat sie mich so angeschaut wie ein Weltwunder. Bestimmt hat noch niemand sie so anschrien. Dann ist auch mein Meister gelaufen gekommen, hat er gleich gesagt, ich bin ein Volksdeutscher aus der Maramuresch, ein guter Baumeister, sehr wichtig fier die Baracken, und was er noch alles gesagt hat. Die hat noch immer den Revolver in der Hand gehalten, aber sie hat nicht mehr auf mich gezielt. Ich hab dann nicht kennen schweigen, hab noch gesagt: *Mein ganzes Vermegen ist dorten geblieben, ich hab alles verloren wegen eurem Krieg, und jetzt willst du mich erschießen. Geh zum Fondi ßeiner Mâmâ!* Hab ich noch flucht auf walachisch, weil das versteht niemand. Aber die hat auch nicht gewußt, was ich hab ihr gesagt auf zipserisch. Die ist dann weg, und der Meister hat gesagt: *Um Himmels willen, beruhigen Sie sich, Jachmannowsky, mit denen soll man sich nicht einlassen, das sind scharfe Bluthunde!* Aber am nächsten Morgen, wie er ist zur Arbeit gekommen, hat er mich gerufen auf die Seite, hat er gesagt: *Das mit den Bluthunden vergessen Sie, Jachmannowsky. Zum einen Ohr hinein, zum andern hinaus.*

– Habt Ihr dann dem Meister gesagt, wer die Friedl ist?

Ja. Er hat mich ja gefragt, warum ich mit der Jiedin hab geredet. Hab ich ihm gesagt, daß dieses Mädel – ein scheenes Mädel, mit schwarzen Augen, schwarzen lockten Haar, was man ihr im Lager hat abschnitten, mit weißer Haut wie Porzellan –, dieses Mädel war gewesen die Tochter vom Dudya, und der Dudya hat gebacken das Brot fier die Deitschen in der Zipserreih'. Ich hab gegessen das Brot von ihrem Vater, und sie wird vielleicht jetzt hier verhungern.

– Gab es nur einen Bäcker in der Zipserreih'?

Dorten, wo wir gewohnt haben, hat es nur einen gegeben, weil damals hat man ja nicht jeden Tag Brot gegessen. Brot hat es gegeben nur am Sonntag, in der Woche hat man gegessen nur *Kulesch* oder *Tocken.* Kuchen hat man gebacken nur zu Ostern, zu Weihnachten…

– Was hat der Meister darauf gesagt?

Er hat den Kopf geschittelt, und er hat mich so angeschaut. Dann hab ich gedacht: sollst es versuchen! Und er hat mir dann geholfen. Wie die Jiedinnen wieder sind vorbeigegangen, hat er die Sturmfiehrerin was gefragt und hat mit ihr ein bissel gesprochen. Na, die hat sich freit, soll ein Mann mit ihr sprechen, weil der Meister hat sehr gut ausschaut, war er ein scheener Mann, groß, blond, hat die Kuh wackelt mit dem Arsch und hat lacht, hat sich mit der *Korbatsch* auf die Stiefel schlagen. Ich aber hab der Friedl schnell sagt: *A jedn Åbend, wånn ihr kummt zuruck vun ter Årpeit, wirst findn pan ter Pruckn åbkochti Krumpirn!* Ich hab ihr gezeigt die Stelle, wohin ich sollte legen die Krumpirn, beim Bruckenknopf zwischen die *Steiner.* Meine Mutter hat damals noch gelebt, die hat die *Krumpirn* kocht, denn wir haben *Krumpirn* bekommen, weil ich hab ja gearbeitet. So ist die Friedl nicht verhungert…

– Die Friedl war aber nicht allein im Lager, da war noch eine Oberwischauerin.

Ja, da war noch die Tochter vom Schuster Ziku, die Frielich – auch ein scheenes *Marl,* und jung! Ich war damals so siebenunddreißig, hatte Weib und eine Tochter, die Liesl, und die beiden *Marln,* die Friedl und die Frielich waren vielleicht zehn Jahre jinger, waren noch sehr scheen, aber *åbhungert.* Wenn ich denk, wie die haben ausschaut vorher, in Wischau, wie sauber und scheen sie waren, wie Puppen. Und dann wie sie haben ausschaut dorten im Lager, in Kratzau, es war *a Schand.*

– Was meint Ihr mit „es war *a Schand*"?

Ich mein, daß es war *a Schand,* daß so scheene junge Marln sind so verkommen, haben ausschaut *schiecher wie a Zigeinerin.* Und was waren das fier feine Leit, der Dudya, immer scheen geredet mit allen, was haben Brot kauft, alles sauber im Geschäft, und der Schuster – a anständiger Mensch, hat gearbeitet von in der Frieh am Morgen bis spät am Abend, hat klopft und klopft die *Schuch* von den Zipser Kindern. Und ihre Kinder, was ist geworden mit ihnen?! Sind sie kommen ins Lager nach Kratzau!…

– Habt Ihr noch mit dem deutschen Meister über diese *Schand* gesprochen?

Nein, gesprochen haben wir nicht, weil im Jahr '44 war das schon nicht mehr meeglich, da hat jeder missen den Mund halten, auch der Deitsche. Ich hab aber gespiert, wie der Meister so gedacht hat wie ich; der war ganz auf meiner Seite, nur reden hat er nicht kennen. Und ich hab auch nicht reden wollen, mit niemand, weil ich war froh, daß ich hab retten kennen die Friedl und die Frielich.

– Was ist dann aus den beiden Wischauerinnen geworden?

Nach dem Krieg sind sie nach Haus gekommen, aber sie sind nicht mehr nach Oberwischau. War ja auch kein Bäckermeister Dudya mehr, war ja niemand von ihren Leiten. Darum sind sie gegangen nach Sigeth. Ich hab damals gearbeitet als Meister beim Forstbetrieb in Wischau; das war im Jahr '47 oder '48. Unser Direktor war ein Jud, hat geheißen Friedmann. Einmal ist er gefahren nach Sigeth zur Zentrale, hatte er dort zu tun. Ist er in einem Büro gewesen, wo haben gearbeitet die Friedl und die Frielich, und die haben gefragt nach mir, dem Rudi Jachmannowsky. Der Friedmann hat gut gewußt, wer ich bin, aber zuerst hat er gefragt, ob ich was verbrochen hab (der hat damals auch gedacht, jeder Zipser ist ein Hitlerist). Da haben die beiden Marln gesagt, daß ich hab ihnen in Kratzau das Leben gerettet. Und wie der Friedmann zurick ist gekommen aus Sigeth, hat er mich zu sich gerufen und hat gesagt: *Ich weiß, daß nicht alle Deitsche Verbrecher waren, und es freit mich, daß Sie einer von denen sind, die man respektieren muß!* – So hat der Friedmann zu mir gesprochen, deitsch, denn er hat sehr gut deitsch gekonnt, er war ein gebildeter Mann; aber nach dem Krieg hat er die Deitschen sehr gehaßt, das wußte ich. Dann hat er mir die Hand gegeben, der Jud dem Zipser (er war ja auch Direktor und ich nur Meister), er hat mir aber die Hand gegeben und geschittelt, wie einem Freind. Ich war sehr froh, denn dann hatte ich ein ruhiges Leben. Ich hab viel gearbeitet, aber niemand hat mich nicht mehr schikaniert.

– Um noch einmal zurückzukommen auf die Zeit vor dem Krieg: Damals haben im Forstbetrieb auch Juden gearbeitet – als Fuhrleute, Lastträger, Holzfäller. Waren auch nach 1945 noch jüdische Arbeiter dort beschäftigt?

Also vor dem Krieg waren wenige Juden Holzfäller; das war kein jiedischer Beruf. Fuhrleite, Träger, ja. Sonst waren sie mehr im Handwerk und im Handel. Nach dem Krieg waren keine Juden mehr im Forstbetrieb draußen im Wald. Im Biro ja, der Direktor Friedmann, andere, ein Buchhalter, verschiedene Scheffs. Die starken Juden, was im Wald gearbeitet hatten, die Fuhrleit und Lastträger, die hatte man ja alle auf Arbeit ins Lager gefiehrt, die sind nicht mehr zurickkehrt...

– Wenn sie so „stark“ waren, hätten sie ja möglicherweise „die Arbeit“ überleben müssen.

Ja, das war so: man hat gesagt „auf Arbeit“ – auch die Friedl war ja auf Arbeit –, aber wer arbeitet, muß auch gut essen, weil er sonst nicht lang machen kann, ohne Essen hält es ihn nicht. Und die Leit, was waren nicht auf Arbeit in Deitschland oder in Auschwitz, die haben nichts zu essen bekommen, die sind verhungert. Die Alten und die Kinder, die nicht arbeiten konnten, hat man gleich umbracht, die hat man nicht gebraucht.

– Woher wißt Ihr das?

Von Juden, die dorten waren. Die haben mir das erzählt. Und dann hab ich ja gesehn, was mit der Friedl war und der Frielich. Das hab *ich* gesehn, da war ich dabei, und auf mich hat wollen schießen die *Kurwe* in der Uniform! Ich brauch nicht heeren, was andere sagen, was in den Zeitungen steht, ich hab es selbst gesehn – das Ghetto, die Rauber, wie sie hineingangen sind in die jiedischen Heiser, das Arbeitslager in Kratzau…

– Sagt, wieso seid Ihr eigentlich im Jahr '45 nicht auch „auf Arbeit“ in die Sowjetunion deportiert worden?

Mein polackischer Name hat mich davor bewahrt! Manchmal ist es gut, wenn man nicht Müller oder Schmidt heißt. Wir waren aber immer Deitsche, wir haben immer deitsch gesprochen, mein Vater, mein Großvater, alle in unserer Familie. Meine Frau ist eine geborene Gallus, ihr Vater hat gestammt aus dem Zipser Land, ihre Mutter aus Südschlesien, alle waren Deitsche. Und weil ich einen polackischen Namen hatte, hat man mir gesagt, meglich, daß ich kein „reiner Deitscher“ bin.

– Wer hat das gesagt?

Die, was verlangt haben, wir sollen unsre Nachbarn hassen, die, von denen wir haben schon gesprochen.

– Soviel ich weiß, haben in Oberwischau viele Zipser keine deutschklingenden Familiennamen. Außerdem waren bei der Volksgruppe und bei der SS auch solche Leute, die keine deutschen Nachnamen haben, zum Beispiel Roman, Brandis, Melega, Zawatzky usw.

Ja, aber ich war nicht in der Volksgruppe, ich war auch nicht bei der SS, und darum hat man gesagt, ich bin ein Polack. Wer nicht mit ihnen war, der war gegen sie – so haben sie gesagt. Ich war gegen sie, aber das hab nur ich gewußt, und meine Frau.

Rudolf Jachmannowsky, *geb. am 16.12.1907 in Oberwischau (Vişeu de Sus), besuchte keine Schule, ging schon als achtjähriger Junge in den Holzschlag arbeiten, wurde später Waldarbeiter, Vorarbeiter, Forstbrigadier und Meister im Forstbetrieb. Eignete sich als Autodidakt ein umfangreiches Wissen an. Ist verheiratet mit Hedwig, geb. Gallus, ebenfalls aus Oberwischau, und hat eine Tochter, Liesl, verheiratete Nagy, und ist mehrfacher Großvater und Urgroßvater.*

Tonbandaufnahme vom 23. Juli 1987.

Sie hatten ja keine Schuld nicht

(Joseph Nyak)

Bei uns sagt man so: *Vun tie Totn nur Khudes!* Das heißt, man soll über die Leut, was nicht mehr leben, nichts Schlechtes sagen. Die Juden sind nicht mehr, die meisten sind gestorben, und die, was nicht gestorben sind, leben in Israel oder anderswo... Also, ich kann über die Juden nur Gutes sagen!

– Weil sie tot sind?

Nicht weil sie tot sind, sondern weil sie keine schlechten Menschen nicht waren. Sie waren so wie wir: arm, haben gearbeitet, haben gelebt, haben Leid gehabt, haben Freud gehabt, na, wie das so ist im Leben. Der Jud war ein Mensch wie die Zipser auch. Ja, er hat sich anders kleidet, er hat gehabt *Peikles*, er ist am Samstag in den Tempel gegangen. Aber sonst waren die genau wie wir, das könnt Ihr mir glauben.

– Wohnten hier im Weiler Oblasen auch Juden?

Nein, hier wohnten bis vor einigen Jahren nur Deutsche, das heißt Zipser. Rumänen gab es immer schon in den Weilern Fischthal und Sachsenthal, und dann weiter oben im Wassertal. Die Juden wohnten im Schtetl, in der Judengaß und dort herum.

– Und woher wußtet Ihr dann, daß die „Juden keine schlechten Menschen nicht waren“?

Weil ich hab gearbeitet mit sie, hatte ich viele jüdische Kameraden im Sägewerk. Ich war dort zuerst Arbeiter, hab mich dann immer mehr qualifiziert, und dann bin ich geworden Meister. Ja, ich hatte jüdische Arbeiter unter mir, beim Verladen, beim Transport, beim Brettersortieren. Von manchen weiß ich noch die Namen, weil ich hatte ja immer die Lohnliste, mußte vorher eintragen, wer wieviel hatte gearbeitet. Da hieß es: Einhorn, Tessler, Stein, Gestner, Fränkel, Steinmetz, Vogel, Wolf, Appel, Klein, Landau, Stern, Pollak, Herskovics und... waren noch welche, wartet ein bissel, waren noch Fruchter,

Awrum, Perl war einer, Schnitzer war einer. Ja, waren viele, aber die Namen kommen mir nur sehr schwer in den Sinn; war einer, was hat geheißen Kupper, und einer Fischmann. Viele Juden, sehr viele.

– Waren das alles Oberwischauer?

Nein, waren welche aus Rosalien, andre aus Borscha, aus Mosesdorf, also aus den Orten hier in der Gegend. Manche haben gearbeitet als Tagelöhner, andre waren angestellt. Jeder wie er hat gewollt.

– Waren die Juden fleißig? Waren sie gute Arbeiter?

Sie waren nicht fleißiger wie die Deutschen. Rumänen und Ruthenen haben damals nicht im Sägewerk gearbeitet. Jeder hat das getan, was er hat tun müssen, hat seine *Norme* gemacht, und dafür hat er bekommen seinen Lohn. So war es.

– Ihr habt mir zuvor so viele jüdische Namen aufgezählt. Würdet Ihr mir auch einige Namen von deutschen Arbeitern aus dem Sägewerk nennen?

Kann ich, weil die Namen kommen mir leichter in den Sinn, die Leut haben ja noch lange gelebt, und manche leben auch heut noch. Das sind ja die unsrigen. Also da waren der Muschinsky Toni, der Zawatzky Seppi, der Emu und der Joku Smeretschuk, der Kulinyak, der Wrabel, was war nachher Schofför, der Schießer Franzi, die drei Brüder Malitschuk vom Kilometer vier, dann Schkurka, Sedlak, Wahrhanyowsky, dann der Funer Joschi, Babutzky, Zeppelzauer, dann einer, der drüben wohnt, Beschkid, dann Nirsky, Schaschalowitsch, Rischkowitsch, ich sag sie so, wie sie haben gearbeitet, einer war noch Olear, einer Stadler, mehr weiß ich jetzt nicht.

– Die hatten ja schöne deutsche Namen: Smeretschuk, Kulinyak, Schkurka.

Ja, das waren alles echte Deutsche, und wenn sie leben, sind sie es auch heut noch, das kann ich Euch garantieren. Auch ich heiß ja Nyak, und vielleicht klingt Eurem Ohr das nicht deutsch, aber wir sind Deutsche aus Schlesien, wir sind nicht aus der Zipser Gegend, und darum heißen wir so.

– Und wenn einer geheißen hat Stein, Vogel, Appel, Klein und so weiter, dann wußte man gleich, daß der Jude ist?

Ja, alles jüdisch, echt jüdisch. Auch Wolf und Landau. Klingen manche Namen ein bissel deutsch: Wolf zum Beispiel, oder Klein; aber da weiß man gleich, das sind Juden, das heißt, das waren Juden, weil sie sind ja nicht mehr.

– Und Pollak? Soviel ich weiß, gibt es auch Zipser, die Pollak heißen?!

Ja, aber die sind Deutsche!

– Also einmal ist Pollak ein typisch deutscher Name und einmal ein typisch jüdischer?

So ist es. Kommt es nämlich darauf an, von welchem Pollak man redet: vom Pollak, der im Sägewerk gearbeitet hat – also der war ein Jud –, oder vom Pollak, der im Wassertal mit den Flöß gearbeitet hat – der war ein Deutscher, ein Zipser –, versteht Ihr mich?

– Ich gebe mir Mühe, das zu verstehen.

Also das ist so: manche Namen sind typisch jüdisch, zum Beispiel die, was nach Vögeln sind – Vogel, ist jüdisch, dann Adler, Storch, Geier; alles Juden!

– Aber der Zipser Holzschnitzer Taube, der in der Sägewerkgasse wohnt, ist doch kein Jude?

Taube nicht! Die sind Deutsche.

– Und wieso sind sie Deutsche, wenn sie einen Vogelnamen haben?

Weiß der Herrgott, ich wunder mich auch, aber die sind bestimmt Deutsche, immer schon gewesen.

– Und die Wolf heißen, sind Juden?

Wolf, Hirsch, Lamm, Fuchs, Wiesel – alles Juden!

– Die beiden Förster Seehas und Bärl, waren die dann auch Juden?

Nein, die nicht! Has und Bär sind keine Juden gewesen. Der Has Poldi war ja unser großer *Kaßka*-Erzähler, also ein echter Zipser.

– Es gab aber drüben in Borscha oder in Pfefferfeld eine

Familie Chaja Hász. Was waren das nun für Landsleute?

Ja, also wenn er hat geheißen mit dem Vornamen Chaja, ist der Fall klar: Jud. Aber mit den Hasen kann man das nicht so genau wissen. Da hat es gegeben auch solche und solche.

– Und es ist ganz sicher, daß jene, die Klein, Appel, Vogel und, sagen wir, Schnitzer geheißen haben, Juden waren?

Ganz sicher, sie waren nämlich alle aus Leordinen, und dort gab es nur Juden, Rumänen und Ruthenen, Deutsche nicht.

– Das ist sehr interessant, was Ihr mir da erzählt habt.

Nicht wahr? Weil ich hab das Problem studiert, und ich bin gekommen zum Resultat: je mehr deutsch der Name ist, um so mehr ist sicher, daß der Mann ein Jud ist. Wenn einer gekommen ist und hat gesagt, er heißt Landau Josef oder Einhorn Siegfried – solche hat es auch gegeben: Juden, was haben geheißen Siegfried oder Adolf, waren sie meist von drüben aus der Bukowina –, dann hab ich gewußt: der ist ein Jud. Hatte er einen polackischen Namen, Zawatzky oder Muschinsky, war ein guter deutscher Mann.

– Davon abgesehen, daß die meisten Juden deutsche Familiennamen hatten, was bei den Deutschen nicht immer der Fall war, gab es einen Unterschied zwischen diesen beiden Volksgruppen?

Bei der Arbeit nicht. Die einen hatten schwielige Händ, die andern auch. Die einen waren arm und hatten viele Kinder zu Haus, die andern auch. Ein Unterschied war beim Essen. Unsre Leut haben Speck und Brot gegessen, die Juden haben *Brinsn* mit *Mamaliga* gegessen, oder sie haben sich mitbracht ein Kandl mit *Jauch*; das war eine Art *Borsch*, eine jüdische Suppe. Aber sonst, an ihren Feiertagen, am Sabbat, haben die Juden gegessen *gfillti Fisch* – Fische gefüllt mit *Prot*, Eiern und *Zwiefln* –, *Bejgalech, Pletzl, Chremsln* – das war so jüdisches *Gebäcks*, hat aber sehr gut geschmeckt, hab ich auch davon gegessen. Weißt, ich war auch bei den Juden zu Haus.

– Wie hat es in einem jüdischen Haus ausgesehn?

Ähnlich wie bei uns: sauber, arm, mit *Kotzn* am Boden, dieselben Möbel wie wir. In der *Kichn* ein großer *Pripitschik*, wo man hat kocht und sich wärmt im Winter, damals hat es noch keine *Spar* gegeben. Gegessen hat man in der Woche in der *Kichn* und nur am Sabbat in der *Stuba*. Was die Juden haben gekocht, war ein Essen, was hat geheißen *Scholent*, auch das hab ich gegessen. Aber unsre Frauen haben mehr Fett getan ins Essen, die Jüdinnen nicht, und darum haben wir andern Appetit gehabt – auf deutsches Essen.

– Als man die Juden deportiert hat, 1942 und 1944, wußtet Ihr, daß sie in ein Vernichtungslager kommen werden?

Also, Vernichtungslager – das Wort hab ich nicht gewußt. Auch von Lager hat man nichts gewußt. Man hat immer nur gesagt, daß die Juden werden auf Arbeit geführt. Das war alles. Aber wie man sie hat weggeführt, das war nicht schön. Die *tábor csendőr*, wir haben gesagt die *Tschender*, sind hinein in die jüdischen Häuser und haben die Männer und Frauen hinausgeprügelt, und wenn ein Kind hat geschrien „Mamele" und hat sich festgehalten an dem Rock von der Mutter, weil hatten ja manche kleine Kinder, hat der *Tschender* ihm eins getreten mit dem Fuß, auch ins Gesicht oder wo er hat getroffen, und das Kind ist hingefallen. Dann haben sie, weil ja keine Eltern waren, mit den kleinen Mädchen, so bei zwölf, vierzehn Jahren, ihren Spott getrieben. Dann haben sie aus den Häusern gestohlen, was sie wollten. Waren ja nur noch alte Leut und Kinder da.

– Die wurden dann aber 1944 auch deportiert?!

Ja, alle.

– Habt Ihr so etwas mit angesehn, wie man Juden geschlagen hat?

Nein, denn hier in Oblasen hat es ja keine Juden gegeben, die wohnten drüben, am andern Ufer, im Schtetl. Aber gehört hab ich viel, die Leut haben erzählt. Ich war ja in der Arbeit, wann diese Sachen passiert sind.

– Was habt Ihr gehört?

Wie sie Spott getrieben haben mit den Judenmädel.

– Wer?

Die *Tschender.* Aber wie sie geheißen haben, weiß ich nicht. Das hab ich auch nicht gewußt. Waren ja nicht meine Leute, meine Arbeiter im Sägewerk.

– Und anstelle der jüdischen Arbeiter wurden dann andere angestellt?

Ja, Zipser von hier aus dem Ort, denn Arbeiter gab es ja genug, nur Arbeit nicht.

– Was könnt Ihr mir noch von den Juden erzählen?

Viel kann ich nicht erzählen, weil wir hatten ja keine Juden hier in der Nachbarschaft, und auch weiter oben im Wassertal haben keine Juden gewohnt. Aber ich hab nicht können verstehn, warum man das hat gemacht mit den Juden, warum man sie hat umbracht, denn sie hatten ja keine Schuld nicht, sie hatten ja niemandem nichts getan, weißt? Warum der Hitler so eine große Wut hat gehabt auf sie, ich weiß es nicht. Hat er nicht gewußt, wer die Juden sind, was sie machen, wie sie sich leben? Hat ihn vielleicht einmal ein Jud anschmiert? Unser Herrgott weiß. Aber wenn der Hitler einmal gekommen wär nach Oberwischau und hätt gegessen bei einem Juden *a giete Jauch* und *gfillti Forellen*, wenn er gehört hätt *a jiddisches Ssangl*, weil die haben schön können singen, ich mein, der hätt eine andere Stimmung bekommen. Weil seine *Gåål* war vielleicht nur darum, weil er die Juden nicht hat gekannt, hat er nicht kennen Bekanntschaft machen mit die Juden, hat er nichts gewußt von ihnen; das war sein Fehler.

Joseph Nyak, *geb. am 28.3.1918 in Oberwischau (Vişeu de Sus), Besuch der siebenklassigen Grundschule Oberwischau, anschließend Arbeiter und Meister im Sägewerk, Autodidakt, guter Erzähler, verheiratet mit Magdalene, geb. Kakasch, ebenfalls aus Oberwischau.*

Tonbandaufnahme vom 10. August 1988.

Ssein mir ßich långsam wieder nächer kummen

(Anna Zawatzky)

Wie ich pin herkummen nåch Wischo, wårn schon kaane Juden nit mehr, des wår im Jahr '44. Wårn schon åbfångti ålli. Åber bei uns wårn jå auch Juden, in Toplitz, wår jå voll, tie Gewelber, Schuchmåcher, Schneidern, ålles håben måcht tie Juden, ßehr vieli Juden wåren då in Toplitz, mån håt ßågt auch Toplitzå.

– Tie Juden vun Toplitz håt mån auch wegfiehrt?

Håt mån ßie einfångt und vun ieberall åbfångt, wånn ßie ßind ausgången. Håt mån ßie erscht ghålten a Stickel Zeit, håt mån ßie dånn wegfiehrt.

– Und wer håt ßie wegfiehrt, tie Horthyleit?

Ich weiß, ob tie Horthyleit? Tamolst wårn ja tie Nyilåschen ieberåll, und tie håben zammfången tie Juden. Tie wåren schwårz ånzogen, ihneri Ånzieger wåren schwårz, gånz schwårz, und tå in Åchseln håben ghåbt a Totenkopf, nit wie tie Teitschen, wås håben ghåbt a Totenkopf auf ter Mitzen.

– Tie Nyilåschen håben tie Juden wegfiehrt?

Jå, tie allaan, weil ånderi wåren jå nit då, tem Horthy ßeine Leit, tås Militär håt ßich nit dåmit åbgeben. Sso wår es gewesen in Toplitz.

– Ssind nåch tem Krieg welchi zuruckkummen vun tie Juden?

Weiß ich nit genau, wer is zuruckkummen, weil ich pin wegzogen vun Toplitz, pin auf Wischo gangen mit mein Månn. Åber håb ich geheert, ßein nur ßehr wenigi zuruckkummen, vieli ßein nit mehr zuruckkummen.

– Wårum ßein vieli nit zuruckkummen?

Weil ßein ßie gstorben, weil wår tås Leben ßehr schwer in Låger, ßo håben ßågt tie Leit.

– Weil tie Teitschen håben ßie umpråcht in Auschwitz, dårum ßeins nit mehr zuruckkummen!

Jå, wånns ßågen, Herr Claus, Eng mecht ich glauben.

– Håt awér ßågt, wås mån håt mächt mit tie Juden?

Håt mån ßågt, åber ich weiß, ob is tie Wåhrheit? Håt mån ßågt, håben mächt tie Teitschen Sseifen vun tie Juden, håt mån ßågt, håben ßie tie Juden fåprennt in a grußen Koptjor in Låger... Åber wissens, mir håben ghåbt a ßehr schweres Leben, håben mir ka Zeit nit ghåbt, ßollen mir pastudieren tie Problemer vun ånderi Leit, håben mir missen immer årpeiten...

– Ihr seids also im Jåhr '44 auf Wischo kummen, tamolst wåren ka Juden nit mehr hier. Åber wie wår es dånn später, wie tie Juden ßein zuruckkummen – tie, wås nit ßein mordet worden in Låger?

Des wår gleich nåch tem Krieg. Då ßind tie Juden gången zu tie Zimmern, wås håt ihnen gfållen, håben ßie gnommen! Ssind kummen mit Gwehr zwei, und anner håt zammklaubt, wås ihm håt gefållen. Nå, ich håb jå nit Ängsten håbt vun ihnen. Is kummen tieser Seelinger, ßo håt er ßich gschrieben, mit noch aanem, mit Gwehr. A tritter håt zammklaubt, håt er wollen nehmen meine Nåhmaschin, wås ich håb ghåbt vun meiner Måmå. Wie ich håb gsegn des, ich håb gnommen tie Messer vun Tisch, vun ter Kuchl, und håb ich ßågt: *Hinaus mit eich! Des ßein meini Ssåchen, tes ßein nit verstohleni vun tie Juden! Legt ßie hinunter oder åber ich stech eich tot!* Nå, ter Jud håt tie Ssåchen hinunterlegt auf ten Poden und is hinausgangen, tes Gwehr håt er lässen in Zimmer. Håb ich gnommen tås Gwehr und håb ich es ihm zuruckgeben, ich prauch es nit haben: *Schießts ihr auf tie Leit!*

– Und wås håt ter Seelinger då gmåcht?

Er håt ka Wort nit ßågt, er is mit tie ånderi zwei weggången, und bei uns ßein niemålst mehr neinkummen.

– Wårum ßein tie Juden kummen in tie teitschen Heiser, „zammklauben" tie Ssåchen?

Jå, tes wår ßo: Mån håt ßågt, wie mån håt wegfiehrt ihneri ßes, tie Teitschen håben wegnommen tie Ssåchen vun ihneri Heiser, wås ßie håben dålåssen. Åber des wår a Lugen, weil tie Teitschen in Wischo håben nit awås gstohlen vun tie Juden, weil ßie håben nit praucht nehmen vun ånderi Leit awås, und dånn ßein jå auch tie Teitschen ålli, oder fåst ålli flicht, und ihneri Ssåchen ßein ja auch ålli dåplieben, und wie ßie ßein zuruckkummen vun Schlesien und vun oben vun ter Ukraina, ålles håt mån ghåbt ausreimt vun ihre Zimmer. Tie Nåhmaschin håben mir ghåbt versteckt, und tie Rauber, wås ßein kummen vun Săcel und vun ånderst, tie håben nit prauchen a Nåhmaschin.

– Und wer håt wegnommen tie Ssåchen vun tie Juden, wie mån ßie håt wegfiehrt?

Nor tie Walåchen, wås ßein kummen vun Săcel und Dragomireşti, weil ålles wår jå wegflicht, tie Teitschen. Håben ßie ålles nausfiehrt vun tie teitschen Zimmer. Håt tie Schwiegermåmå nåchher gsegen pei aanem... in Valea Vinului, in Weintal, vun ihre Ssåchen, håt ter ßågt, des ßein ßeini Ssåchen, ßoll ßie weggehn, weil ruft er aßunst tie Hund... Ter Schwiegervåter vor tem Weggehn håt er mächt a grußi Gruben in Gårten, håt er ßie scheen auslegt mit Preder, und turten håt er neinlegt, wås håt er ghåbt. Åber viel håt er nit hineinlegen kennen, und viel håt er auch nit ghåbt, wåren ßie jå nit reichi Leit, ter Schwiegervåter. Und auf tie Gruben håt er trauflegt Erd, und auf tie Erd håt er legt Kukuruzstengeln, ßo a Haufen. Åber wår es jå nix, weil tie Fuxen håben ßie gfunden auch des, håben ßie ålles wegschafft, wegfiehrt, ßein mir plieben ohne nix.

– Wie håt ter Schwiegervåter ßich gschrieben?

Zawatzky Joseph, wår er a ßehr a guter Månn, wås håt niemalst nix kennen nehmen vun aanem åndern, des kennens mir glauben. Mir wåren kaane Rauber! Ter Zipser håt ßeini Fehler, ßeins genug, ter Herrgott weiß, åber stohlen håben mir nit – und nit vun tie Juden!

– Wårum håt niemand fier tie Juden ßågt, daß nit tie Zipser håben wegtrågen ihri Ssåchen?

Mir håben des ßågt, åber wår a ßo gruße Gåål gegen tie Teitschen, und keiner håt nit wollen glauben, wås tie Teitschen håben ßågt. Auch tie, wås vorher wåren gwesen Freind, wås wåren gwesen Nåchpårn, auch tie hätten a ßo gruße Gåål gegen unseri Leit. Håben ßie immer ßågt: *Ihr wård mit dem Hitler, und ter håt unseri Leit umpråcht! Dafier ihr mißt jetzt pazåhln!*

– Ssein ålli Juden gången in tie teitschen Heiser, awås nehmen?

Nit ålli, weil vieli håben ßågt: *Wunn mån uns håt pastohlen, mir werden nit måchen dåsselbigi.* Wår åber ter Seelinger, ter håt des ßo organisiert… Ter håt einßammelt tie Sseifen vun tie Teitschen und håt ßågt, dåß tie Sseifen is vun jiedische Leit mächt worden. Åber tie Sseifen, wås mir håben kocht vun unseri Schwein, des wår ha nit vun tie Juden. Wer hätt kennen måchen Sseifen vun tie Juden? Wer håt nur kennen denken vun unseri Leit, dås is meglich aßowås?!

– Und tie Juden, wås håtten ka Gåål nit gegen tie Teitschen, wås håben tie mächt?

Tie håben måchen kennen nix, weil ter Seelinger und ter Heller, tie håben ghåbt tås Oberkommando in Wischo. Tie håben immer ßågt: *Mir missen rächen, wås mån uns håt mächt!* Und amol håben ßie ålli Frauen vun ter Zipserreih', ålli teitschen Frauen zammfångt, und håben ßie ålli hineinfiehrt dorten in tie Gemeinde, wo jetzt tie IGO is, und håben ßie ßågt, ßie werden die teitschen Frauen jetzt åbstutzen, åbstutzen des Håår, wissens, aßo wie håben mächt tie Teitschen mit ßie in Låger. Åber fier wås håben mächt tie Teitschen auf Teitschlånd, wårum ßollen mir des åbbießen? Wås håben mir ghåbt mit tie Teitschen vun Teitschlånd, mit tem Hitler? Wår då a russischer Offizier, a Kommandant vun Wischo, und ter håt gheert, mån will tie teitschen Frauen åbstutzen, und is er gleich hingången und håt ßågt: Njet! Tie Frauen ßollen gehn zahaus, und tie Juden ßollen gehn zahaus, und ålli ßollent ßich segen nåch ihri Årpeit. Und håt er geben ten Befehl, mån ßoll tie Zipser in Ruh låssen, weil nit ßie ßein Schuld ån tås gånzi Elend, wås håt mächt ter Hitler.

– Håben tie Juden geheert, wås håt ßågt ter russischi Offizier?

Håben ßie jå geheert, weil wår er a gruße Perßenlichkeit. Und wissens, es wåren jå vieli Juden, wås nit håben ghåbt a ßo gruße Gåål gegen unseri Leit, wås håben ßich wollen verkommen mit ßie, åber wår jå ter Seelinger und ter Heller.

– Wie håben gheißen tie Juden, wås håtten nit „a ßo gruße Gåål“ gegen tie Teitschen vun Wischo?

Jå, wår ter Friedmann vum IGO, wår er a ßehr a anständiger, wår ter Doktor Steingießer, wås håt ßorgt fier ålli Teitschen umaßunst, wår er a ßehr a guter Mensch, wåren jå noch vieli ånderi…

– Tie Teitschen vun Wischo håt mån auch fiehrt auf Årpeit, wie tie Teitschen vun Ssiebenbiergen und vum Panat?

Jå. Wår des im Jahr '45, håben ßie zammklaubt ålli teitschen Frauen und Männer, auch Puben und Marln, wås wåren gruß und stårk, und håt mån ßie fiehrt bis Sigeth, und vun dorten nåch Rußland. Vieli ßein ßich schon gstorben am Transport, und weil wår a ßehr kålter Winter, ånderi ßein gstorben vor Krånkheit, vor Hunger… Håben mir missen pazåhln fier des, wås håben måcht tie Teitschen vun Teitschlånd, tie SS, tie Leit vum Hitler…

– Wåren åber auch teitschi Puben vun Wischo gwesen bei ter SS.

Wåren welchi, ich weiß nit wievieli, weil ich bin kummen erst im Jahr '44, åber wegen tie håben mir nit missen bießen. Mir håben bießt wegen tie, wås håben tie Juden zammfiehrt auf Auschwitz, in Låger.

– Sså̊gst nochamol: Tie Juden håben nit gwußt, dåß tie Teitschen håben nit gstohlen ihri Ssåchen?

Ssicher håben ßie nit gwußt. Åber mån håt mit ßie nit kennen reden, weil ßie håben ghåbt a ßo a gruße Gåål gegen tie Teitschen, dåß mån håt nit kennen ßågen awos fier ßie, håben ßie nit wollen heeren nix. Und tie åndern, tie wås hätten tie jiedischen Heiser ausreimt, tie håben immer ßågt: *Tie Teitschen wårens! Tie Teitschen wårens!* – Jå, und tie Juden håben des glaubt, weil hätten ßie ihrige Erlebnis mit tie Teitschen.

– Und wånn håt mån dånn kennen reden mit tie Juden, wånn håt mån ihnen ßågen kennen, dåß nit tie Teitschen håben ålles verstohlen?

Des wår påld nåch '45, ich mecht mich erinnern, ßo schon in Jåhr '46 håben tie Juden gwußt, wer håt ålles wegfiehrt aus ihri Heiser.

– Wås håben tie Juden dånn mächt, wie ßie håben gwußt, wer håt wegfiehrt ihri Awera?

Wie ßie håben gwußt, wer ßein gwesen tie Rauber, wås håben ihri Awera wegtrågen, håben ßie ßich gschämt, weil wåren ßie gwesen ßo mit Gåål gegen tie Teitschen.

– Wås heißt, „ßie håben ßich gschämt"?

Nå, is kummen ter eine oder ter ånderi Jud, håt redet mit tie Teitschen, håben ßie ßich wieder grießt auf ter Gåssen, håben ßie ßågt, dåß es is schåd, weil mån ßoll ßich nit mehr verkommen, aßo, a jeden Tåg ßein mir ßich långsam wieder nächer kummen.

– Ssagt nochamol: tie Juden håben gwußt, tås nit tie Teitschen håben ßie wegfiehrt...

Jå, tie Nyilåschen, auch hier in Wischo.

– Jå, åber ßie håben nit gwußt, wer håt ihnen wegstohlen tie Awera. Wår tie Gåål gegen tie Teitschen nur wegen tie Awera, tie Ssåchen, wås mån håt ihnen wegstohlen?

Tie Gåål wår wegen tie Ssåchen, wås mån håt ihnen wegstohlen und wegen tie Låger, weil tie Juden wåren åbschleppt worden in teitsche Låger, in Auschwitz, des wår in Teitschlånd, und dorten håben tie Teitschen ßie umprächt, åber des wåren tie echt-richtigen Teitschen, nit mir, tie Zipser, wissens, des is ter Unterschied vum Problem. Und weil tie Juden nit håben kennen stråfen tie Teitschen vun Teitschlånd, håben ßie wollen strafen tie Teitschen vun hier. Tes wår ter Fehler. Åber dånn håben ßie jå gsegn, wie tie Wåhrheit is.

– Håt es dånn nächher, wie kaani Gåål mehr wår, noch a khudi Freindschåft geben zwischen tie Juden und tie Teitschen?

Jå, tie påår Juden, wås mir noch håben ghåbt in Wischo – wåren es jå nit mehr vieli –, tie håben ßich wieder ånfreindet mit tie Teitschen. Sso näch zwei-drei Jåhr wår wieder Frieden hier in Dorf. Åber dånn ßein jå tie letzten Juden auf Israel gången, in tås Lånd, wu nur Juden ßein, weil dorten ßeins unter ßich, und keine fremden Leit kennen ihnen wås mächen. Nå, und wie tie Juden ßein wegfåhren auf Israel, uns håben mir ßich nit freit, weil in ihri Heiser ßein kummen Fremdi…, und mit tie Juden håben mir ßich pesser glebt wie mit tie Fremdi, des kennens wissen.

Anna Zawatzky, *geb. Antal, geb. am 2.2.1924 in Toplitz (Topliţa, Siebenbürgen), Besuch der ungarischen Allgemeinschule in Toplitz, heiratete 1944 den Zimmermann Stephan Zawatzky und kam so nach Oberwischau, wo sie seither Hausfrau und Imkerin ist; Mutter von vier Kindern. Mütterlicherseits ist sie deutscher Herkunft, zu Hause wurde jedoch nur ungarisch gesprochen, zipserisch lernte sie erst in Oberwischau; sie spricht sehr deutlich, betont sorgfältig jedes Wort, so daß ihr Dialekt dem Hochdeutschen näherkommt als das übliche „Wischaudeutsch“.*

Tonbandaufnahme (gekürzt) vom 7. August 1988.

Langsam vorbeigehn und sich den anschaun

(Adolf Zirbus)

In dem Jahr, wie ich geboren bin, hat man die Juden deportiert, das heißt, damals begann der erste Transport …, im übernächsten Jahr dann der zweite. Wie ich in die Schule ging, in die neugegründete deutsche Elementarschule, im Jahr '49, da waren wieder Juden in Oberwischau, aber nur noch sehr wenige: die, die aus dem Lager zurückgekommen sind. Heute gibt es keine Juden mehr in Oberwischau…

– Doch. Noch vier jüdische Einwohner: Glück, Pollak und das Ehepaar Rosenberg-Friedmann.

Ja, aber die wohnen drüben, in der ehemaligen Judengaß, in der Zipserreih', im deutschen Stadtteil gibt es keine Juden mehr.

– Was weißt du von den Juden?

Na, ich kann schon vieles erzählen, weil ich hab viel gehört über die Juden. Weißt, die Leut haben ja so manches erzählt, und da hab ich immer die Ohren gespitzt, hab zugehört, auch bei *Kaßkaner*, weil mich hat immer sehr interessiert alles von der alten Zeit. Ich hab auch noch richtige Juden gesehn, solche mit *Peikles* und schwarzem Hut, mit Bart. Die haben miteinander nur jiddisch gesprochen, klingt fast so wie unsere Sprache, aber wer nicht gut aufpaßt, versteht nichts… Wenn man heute von den Juden erzählt, dann fragen die Kinder: *A Jud wås is? Wie schaut er aus?* Was soll man dann antworten, weil sie haben ja keinen Jud mehr gesehn. Wie meine Buben noch klein waren, hat einmal eine Nachbarin gesagt: *Tie, wås långi Nåsn håbn, ßein Judn.* Am nächsten Tag ist mein Großer, der Steffku, gekommen und hat gerufen: *Tata, Tata, auf ter Gåß is a Jud!* Hab ich ihn gefragt: *Wú is a Jud?* Hat er gezeigt: *Sseht, turtn!* War es kein Jud, war es ein Zipser, der eine sehr große lange Nase hat (ich will seinen Namen nicht sagen, denn sonst hab ich nachher Probleme). Weißt, so ist das mit den Juden hier in Oberwischau. Einmal waren über fünftausend, der halbe Ort war jüdisch, das ganze Zentrum, würde ich sagen... Und heut weiß niemand mehr, ich mein, von den Kindern, wie ein Jud ausschaut.

– Was weißt du von deinen Eltern über die Juden?

Mein Vater ist im Krieg gestorben, wie ich zwei Jahre alt war, an ihn kann ich mich nicht mehr erinnern. Meine Mutter aber hat immer gesagt: *Lieber a Jud wie a Teitscher!*

– Wie ist das zu verstehn: „Lieber ein Jude als ein Deutscher"?

Das ist so zu verstehn: auf der andern Seite des Wasserflusses haben ja gelebt mehr Deutsche – wir sagen *Teitsche* –, das sind aber eigentlich keine Deutschen, sondern Oberösterreicher. Hier, in der Zipserreih' haben gewohnt nur Zipser und wenige Juden. Die Zipser aber haben sich besser verstanden mit den Juden wie mit den Deutschen, den Österreichern auf dem andern Ufer. Das hat meine Mutter immer gesagt, und das hab ich auch von andern Leuten gehört. Die Juden waren bessere Nachbarn, bessere Freunde, die haben einem mehr geholfen wie die Deutschen. Mit den Deutschen hatten wir immer Streit. Und früher war das so, da hat kein Zipser nicht ein Mädchen von drüben geheiratet, das war unmöglich, und wenn trotzdem einer am Abend sich dorten herumgetrieben hat und hofieren wollte, haben ihn die Burschen halb tot geschlagen oder ins Wasser geworfen. Es gab keine „Mischehen" zwischen uns und den *Teitschen*, wie man sagt.

– Gab es „Mischehen" zwischen Juden und Zipsern?

Ich kenn keinen Fall, aber man sagt, daß es so was gegeben hat. Ja, einen Fall gibt es auch heut noch: der Viktor Kaim Pich ist ein Jud, seine Frau die Karmelitta Pich, die Tochter vom Oberförster Viktor Pich, ist eine Zipserin. Der Kaim hat aber den Familienname von seiner Frau angenommen: Pich.

– Ich weiß nicht, ob Viktor Kaim Jude ist, ich kenne ihn nämlich.

Na, vielleicht ist er kein Jud, denn er schaut ja auch nicht wie ein Jud aus, er schaut mehr so aus wie ein Zipser oder ein Deutscher, bitte.

– Müßte er eine lange große Nase haben, um „wie ein Jud“ auszuschauen?

Nein, nein, ich mein das nicht so, denn ich hab noch Juden gekannt, die haben gar nicht wie Juden ausgeschaut, die waren blond und große starke Männer, die hätten gut auch was anders sein können...

– Sie waren aber Juden!

Ja, das ist es ja: sie waren Juden und haben ausgeschaut wie unsre Leut, groß, stark, aber man hat sie dann doch erkannt: sie haben gehabt Bart – aber nicht alle, es hat gegeben Juden, die hatten keinen Bart. Es ist schwer zu sagen, wer genau war ein Jud, denn es hat gegeben Juden, die hatten gar keine großen Nasen, die hatten gehabt Nasen so wie ich und wie du, und trotzdem waren sie echte Juden!

– Hat der Schafhirte Mosche Friedmann, einer von den letzten vier Juden in Oberwischau, eine große lange Nase?

Nein, er hat eine Nase, die ist ganz normal. Aber der ist sicher ein echter Jud, und seine Frau, die Baila, die ist auch Jüdin, das ist sicher.

– Das ist sicher. Aber wenn der Friedmann jetzt Zawatzky, Schkurka oder Zeppelzauer hieße, würdest du dann noch sagen, daß er Jude ist?

Diese Frage ist lustig.

– Warum?

Weil jemand, der Zawatzky heißt oder einen andern Zipser Namen hat, kein Jud sein kann.

– Sagen wir, der Mosche Friedmann käme zu jemandem, der ihn nicht kennt, und sagt: Guten Tag, mein Name ist Schkurka, ich suche den Herrn Zawatzky. Was meinst du, würde man ihm antworten: Du bist ein Jud, du bist kein Schkurka!

Ich glaub, niemand würde das sagen – wenn er nicht weiß, daß der Friedmann steht vor ihm –, weil der Friedmann schaut nicht so aus wie ein Jud.

– Er ist aber Jude!

Ja, aber er schaut nicht so aus!

– Muß ein Jude immer so ausschauen wie ein Jude, oder kann er auch so ausschauen wie ein Nichtjude? Und wenn er wie ein Nichtjude ausschaut, ist er dann kein echter Jude? Und woran erkennt man einen Nichtjuden?

Zu viele Fragen auf einmal. Du machst mich *varuckt.*

– Gut, dann versuche auf die letzte Frage zu antworten. Woran erkennt man den Nichtjuden?

Du mußt so fragen: *Woran hat man den Nichtjuden erkannt?* Weil es gibt ja nur noch Nichtjuden, die Juden sind ja alle weg. Und das Problem ist dann ein solches: Wenn es keine Juden mehr gibt, wie kann ich erkennen die Nichtjuden? Es sind ja nur solche, überall! Aber früher, noch wie ich war ein Kind, da hat es gegeben auch Juden, und da hat man sehen können: der ist ein Jud, der ist ein Deutscher, der ist ein Rumäne, der ein Rußnak und so weiter.

– Und woran hat man damals die Juden erkannt? An ihren großen Nasen?

Nein. Sie hatten andere Kleider, einen andern Hut wie die Deutschen, das Haar war anders gestutzt, auch bei den kleinen Buben...

– Wie waren sie gekleidet?

Die Juden hatten schwarze Hüte, lange schwarze Mäntel, aber nicht aus dickem Stoff, an den Füßen Schuhe, also städtisch, und dann die *Peikles*, die waren ganz typisch. An ihren Festen haben die Männer getragen eine Pelzmütze, die *Streimel*, das weiß ich noch, dann haben sie ausgeschaut ziemlich elegant. Aber nicht alle hatten eine *Streimel*, und nicht alle hatten Schuhe oder Stiefel. Ja, die Fuhrleute trugen Stiefel und eine Weste im Sommer, und auf dem Kopf eine *Tschiebeskappe* – so haben wir gesagt –, manche arme Juden, die hatten auch *Opintsch* an den Füß, die waren ja noch ärmer wie wir, die haben ja nur am Sabbat ein richtiges Essen bekommen.

– Und wenn dann mehrere Juden beisammen waren – sagen wir auf dem Wischauer Wochenmarkt –, und unter ihnen auch einige Nichtjuden, wie hat man dann die Nichtjuden erkennen können?

Das war kein Problem nicht, und ich weiß noch, wie die Juden hier am Markt, wo das Marktgassel ist, gestanden sind, und auch auf der Brücke, und wenn einer dort war mit einem grünen Hut, dann war es ein Zipser, und wenn einer dort war mit einer *Kuschma*, dann war es ein *Rußnak*. Weil die Juden haben nicht getragen grüne Hüte oder eine *Katschula* wie die Rumänen.

– Was hast du sonst noch von den Juden gehört? Waren sie unehrlich, haben sie die Leute übers Ohr gehauen?

Die Juden waren keine Betrüger nicht. Aber das weiß ich von meiner Mutter: die Leut haben immer vom Juden gekauft und nicht bezahlt, weil auch sie waren arm. Aber der Jud hat gebraucht das Geld, weil er hat ja nicht umsonst geben können seine Ware, er mußte ja was verdienen, sonst war ja das Geschäft nicht gut. Also nach einiger Zeit hat er gesagt: *Toni oder Franz* – die, was Schulden gemacht haben, waren immer Deutsche – *ich brauch haben mein Geld*. Dann hat gesagt der andere, daß er hat kein Geld. Der Jud: *Dann gib mir ein Stück von deinem Garten oder die Kuh oder den Wagen* – was war im Wert von der Schuld (die Leut haben manchmal ein Jahr lang immer gekauft *auf Porges*). Na, der Mann mußte jetzt hergeben seine Kuh oder was anders, was der Jud verlangt hatte. Und dann hat er gesagt: *Der Jud hat mir genommen die Kuh!*

– Gab es viele Fälle, wo ein Jude einem Zipser Schuldner „die Kuh" oder sonstwas „weggenommen" hat?

Also ich kenn nur einen Fall: der Korbflechter Georg Sender, was hat gewohnt in der Friedhofgasse; seine Frau war die Helena-*Näni*. Der hat sich totgesoffen, für Schnaps hat er sein Haus weggeben, und das Haus hat ein Jud bekommen. Aber nicht der Jud *war der Fehler*, sondern der Gyuri-*Batschi*, denn hätte er nicht gesoffen den ganzen Tag, hätte er gehabt auch heut noch sein Haus. Gut, er ist gestorben, aber er wär gestorben in seinem Haus und nicht bei Fremden. Dieser Mann hat gesagt, so hab ich gehört, der Jud hat ihm genommen sein Haus. Von andern Fällen weiß ich nicht. Möglich, daß ist noch so was einmal passiert. Die Juden waren nicht unehrlich, das kann man nicht sagen, die haben nur sehr auf ihr Geld gesorgt, sie haben gespart und gespart, und dann haben sie ein neues Haus gebaut, und dann habens wieder gespart, und dann habens wieder was gekauft, und so ist das gegangen ein Leben lang. Der Jud hat immer müssen sparen und arbeiten, und weil er dann mehr hatte wie die andern, hat es gegeben Neid.

– Die Oberwischauer Juden waren doch auch meist arme Leute, obwohl die, wie du sagst, sehr sparsam gelebt haben.

Sie waren arm, auch nach dem Krieg. Es ist ihnen nicht besser gegangen wie uns. Aber sie haben mehr gespart wie die Zipser – ich sag jetzt Zipser und mein auch die *Teitschen* –, sie haben das Geld nicht versoffen. Unsere Leut sind doch immer am Samstagabend, wenn sie aus dem Wald kamen, direkt ins *Peisl* gegangen und haben dort den Wochenlohn versoffen. Das war doch eine Regel, das weiß jeder, und darüber soll sich niemand kränken, weil ich das hier sag: aus dem Holzschlag ins *Peisl*, zum Tulli Federweisz oder zu einem andern, und draußen sind die Frauen gestanden und haben gewartet, bis der Mann gut vollgelaufen war, und dann haben sie gebeten: *Kumm zahaus, kumm zahaus, tie Kindr wårtn, i håb awås Khudes kocht...* Das hat der Jud nicht gemacht, der ist nicht gegangen saufen, das Geld hat er sich gespart. Wenn man denkt, wieviel Zipser Wochenlöhne so versoffen wurden, na, ich sollte das Geld heut haben, ich wär sicher Millionär.

– Gab es auch nach dem Krieg noch jüdische „Gewelber"?

Ja, einige gab es noch, die Juden waren ja mit dem Handel. Aber bald hat man alles verstaatlicht, ich mein die Geschäfte, und da gab es nur noch einige jüdische Schuster, einen Schneider, einen Metzger, na, das war alles. Die sind dann auch weg, nach dem Jahr '48 nach Israel. Ich war damals ein kleiner Bub, so sechs-acht Jahre alt.

– Du hast gesagt, dein Vater ist im Krieg gestorben. War er in der ungarischen Armee?

Mein Vater war bei der Waffen-SS, und er ist im Jahr '44 in Ungarn gefallen, wo, weiß ich nicht. Mein Vater gehört aber nicht zu den SS-Leuten, was die Juden geprügelt haben. Mein Vater war nicht gegen die Juden, er ist zur SS gegangen, weil alle Deutsche hier aus dem Tal zur SS gegangen sind...

– Alle Deutsche?

Nein, eigentlich nicht, manche waren auch in der ungarischen Armee, bei den Horthysten, andere waren in der Wehrmacht. So genau weiß ich das nicht.

– Waren aber viele Zipser Männer bei der Waffen-SS?

Wie viele es waren, weiß ich nicht. Aber die, was sich besonders deutsch gefühlt haben, die sind zur SS gegangen.

– Was heißt, „sie haben sich besonders deutsch gefühlt“?

Also die Deutschen!

– Deutsche waren etwa fünftausend hier im Tal. Haben sich nicht alle „besonders deutsch gefühlt“?

Ich kann jetzt nur das sagen, was ich hab gehört, weil ich war ja damals ein Jahr, zwei alt. Da war der Schuldirektor Karl Funkenhauser, der hat die deutsche Schule organisiert, der hat sich sehr viel um die deutschen Probleme ge-kümmert. Aber er war auch sehr gegen die Juden – das haben die Leut gesagt, und vielen hat das nicht gefallen. Sie haben nichts gehabt mit den Juden, und sie haben nichts gehabt mit dem Hitler. Der Hitler war so fern von hier, und der Jud war dein Nachbar. Was hat man gehabt mit dem Hitler, der hat sich ja nicht gekümmert um unsre Probleme. Die Juden aber, mit denen hat man zusammengewohnt, hier in der Zipserreih', die waren einem bekannt oder auch befreundet, die waren nicht schlechte Leut, die haben einem geholfen: gib mir dies, gib mir das. Darum waren die Leut, was mit den Juden zusammenlebten, nicht mit dem Funkenhauser, sie waren nicht so besonders deutsch.

– Dein Vater war „besonders deutsch“?

Mein Vater, der arme, ich hab ihn nicht gekannt, war sicher nicht einverstanden damit, daß man soll alle Juden deportieren. Das kann ich bestimmt sagen. Denn meine Mutter hat immer gesagt: *Ter Våtr wår immr a khudr Freind gewesn mit tie Judn, håt er niemålst awås Schlechtes mächt, ålli håbn ihn gern ghåbt...*

– Als die Wischauer Juden deportiert wurden, war dein Vater noch im Ort?

Nein, war er schon an der Front, an der Ostfront.

– Dein Vater war also bei der SS, hat aber niemals einen Juden geschlagen, wie du sagtest. Haben aber andere SS-Leute hier in Oberwischau sich an jüdischen Menschen vergriffen?

Wenn du das einen fragst von der älteren Generation, wird er dir sagen, er weiß nicht, weil die Leut wollen keine Probleme haben. Redest du über den einen, ärgert sich sein Sohn oder sein Enkelkind... Ich werd dir aber einige Namen sagen, ich hab sie auch gehört. Da war der Sohn vom Ludwig Mottl, der war bei der SS, der hat den Judenkindern die *Peikles* ausgerissen; da waren der Imbu Henner, der Martin Roman, alle beide bei der SS, die haben die Juden auf der Gasse verprügelt und den Buben die *Peikles* ausgerissen. Besonders der Roman, der hat viele Juden geschlagen, so, hat es ihm Spaß gemacht. Nach dem Jahr '44 ist er aus dem Krieg zurückgekommen, und dann haben ihn die Juden gefangen und so verprügelt, daß nach drei Tagen war er tot.

– Roman war ein Zipser?

Ja, einer von den *Großgoscherten*; dem ist das Maul gegangen, wenn der vom Hitler geredet hat...

– Woher weißt du das?

Das hat man so erzählt nach dem Krieg, wie die Juden ihn verprügelt haben, das heißt, sie haben ihn ja totgeschlagen, denn nach drei Tagen ist er gestorben.

– Roman, Henner, Mottl. Gab es noch andere SS-Leute in Oberwischau?

Ja, da war noch mein Vater, Desiderius Zirbus, dann die andern: Johannes Zawatzky, Stephan Zawatzky, Rudolf Donath, Stephan und Rudolf Pich, Augustin Brandis, dann der Smeretschuk, Kulinyak, Schkurka war einer... Sicher waren es mehr, aber ich weiß nur diese Namen. Die von der SS sind ja auch meistens nicht mehr zurückgekommen, die sind alle nach Deutschland, wenn sie nicht im Krieg gestorben sind. Nur der Roman, den hat es dann hier erwischt.

– Der Roman hat seine Strafe bekommen. Übrigens klingt der Name nicht unbedingt deutsch.

Roman sind Deutsche, Ungarn – dann schreiben sie sich: Román – und Rumänen; ich hab gehört, es gibt auch *Rußnaken*, die Roman heißen. Dieser Roman war ein echter Deutscher, und seine Familie sind alle deutsch. Aber mit den Namen hier im Wassertal ist es so: du weißt nicht, wen du vor dir hast, wenn du nur auf den Namen siehst. Die Juden, was ich noch gekannt hab, haben geheißen: Schmucker, Kaufmann, Steingieszer, Heller, Lehner, Hager, Vogel..., an andre erinner ich mich jetzt nicht. Das waren schöne deutsche Namen, wenn man es so nimmt. Und die Deutschen heißen Zawatzky – das ist der Mädchenname meiner Frau –, Schkurka, Sedlak, Kilitschuk, Malitschuk, Wahrhanyowsky, Smeretschuk, Olear und so weiter, alles gute deutsche Leut, immer deutsch eingestellt, früher, aber auch heut. Was soll man da sagen? Wenn einer Josef Kaufmann heißt, ist er ein Jud, und wenn einer Desiderius Smeretschuk heißt, ist er ein Deutscher.

– Es gab auch einen SS-Mann, der Bernhard Smeretschuk hieß. Hast du was von dem gehört?

Smeretschuk war einer, aber wie er sich noch geschrieben hat, weiß ich nicht. Das war aber ein anständiger Mensch. Nur die drei – Roman, Henner, Mottl – haben die Juden geprügelt.

– Ist Mottl nicht auch ein jüdischer Name?

So hat man früher gesagt: der Mottl ist gekommen von Galizien, möglich, daß er ein Jud ist. Das hat man gesagt. Aber es gab mehrere mit diesem Namen, und der eine ist dann zur SS gegangen, und dann haben alle Leut gewußt: er ist besonders deutsch.

– Und um ganz „besonders deutsch" zu sein, hat er dann, als er auf Urlaub kam, den Judenkindern die Peikles ausgerissen.

Ja, so ist es mit den Leuten, die was beweisen wollen.

– Entschuldige, daß ich frage, ich will dich nicht beleidigen, aber du heißt ja mit dem Vornamen Adolf, und früher wurden ja die Zipser Jungen meist auf die Namen Anton, Franz, Josef, Georg, Julius und Johannes getauft. Warum hat man dir den Namen Adolf gegeben?

Ich weiß, was du denkst: Ich hab den Namen bekommen wegen dem Adolf Hitler. Vielleicht ist der Hitler schuld, daß ich hab diesen Namen, vielleicht hätte mich mein Vater auch Johannes oder Anton getauft. Das weiß ich nicht. Aber damals, nach dem Jahr '40, ist nach Oberwischau gekommen der Karl Funkenhauser, der war Lehrer, Schuldirektor, ein gebildeter Mann, und zusammen mit dem Joseph Beschkid, was nur Vorarbeiter war, haben sie die Volksgruppe geleitet. Der Funkenhauser hat gebraucht einen von hier, einen Zipser – das war der Beschkid, denn der Funkenhauser war ein Schwab aus der Sathmarer Gegend, so weiß ich. Die beiden haben sich zusammengetan und haben die Zipser beredet, sie sollen zur SS gehn, sie sollen für Deutschland kämpfen, die haben auch den Leuten gesagt, sie sollen ihren Kindern reichsdeutsche Namen geben, zum Beispiel Adolf, der Name vom Führer. Was hat meine Mutter viel gewußt, wer ist der Hitler, sie hat mich Adolf getauft, und der Pfarrer war einverstanden, das ist alles. Aber da waren viele mit dem Namen Adolf, auch noch nach dem Krieg, auch der Lehrer Atzberger, der Atzi, heißt ja Adolf…

– Kannst du mir noch etwas von den Juden erzählen, was so noch passiert ist nach 1940 hier in Oberwischau?

Ich kann viel erzählen, aber ich weiß nicht, ob es gut ist, denn morgen kommt der eine, kommt der andre und fragt: *Warum hast du das gesagt?* Was ich weiß, ist aber nicht gegen die Deutschen, und ich weiß nicht, ob ich darum morgen vielleicht werd haben Probleme.

– Was für Probleme?

Ich weiß?

– Du hast doch gesagt, daß du vieles erzählen kannst über die Juden, daß du vieles weißt. Nun möchte ich noch einiges hören.

Gut, ich werd dir erzählen, wie sie mit den Juden ihren Spott getrieben haben…

– Wer war das?

Das waren nicht unsre Leut, nicht der Roman und die SS, das waren die Gendarmen, die Horthyleut.

Entschuldige, wenn ich frage: woher weißt du das? Ich

möchte keine Kaßkaner hören, sondern nur wahre Begebenheiten. Du darfst nur das erzählen, was dir jemand mitgeteilt hat, der dabei war.

Was ich dir werd erzählen, ist echt wahr. Das sind keine *Kaßkaner* nicht. War da gewesen ein Jud, hat er geheißen Schmul. Das war vor dem Jahr '42. Der Schmul ist gesessen an einem Abend dort oben im Karaschgraben, wo der Weg vorbeiführt, was dann geht nach rechts zum Judenpergl, wo der jüdische Friedhof ist. Er ist aber gesessen vor dem deutschen Friedhof, der Schmul – der deutsche Friedhof ist, wenn man hinaufgeht, links. Kommen vorbei zwei ungarische Gendarmen, bleiben stehn, sagen zum Schmul, warum der faule Jud dort sitzt und nicht arbeitet. Sagt der Schmul, daß er wartet auf jemand. Sieht der eine Gendarm neben dem Friedhofzaun einen Menschendreck (der war aber nicht vom Schmul, denn der hätte ja nicht am hellen Tag hingeschissen). Sagt der eine Gendarm: *Jud, verfluchter, hast an den Friedhof geschissen!* Sagt der Schmul, daß er nicht hingeschissen hat, schwört, weint, bittet, ihm zu verzeihn, aber er hat nicht hingeschissen. Die Gendarmen sagen: *Nein, du hast hingeschissen, und dafür werden wir dich totschlagen, ein Jud weniger, um so besser.* Der Schmul jammert, weint, sagt, er hat zu Hause sein Weib, drei Kinder, sie sollen ihm verzeihn. *Nur wenn du die Scheiße frißt, verzeihn wir dir,* sagen die Gendarmen. Der Jud wieder: weint, jammert, bittet, sagt, er kann die Scheiße nicht fressen, er kann so was nie tun, er will lieber eine Strafe zahln. Die Gendarmen lachen: *Was kann ein armer schmutziger Jud zahlen?* Sagt der Jud: er hat eine Uhr von seinem Vater, eine Taschenuhr – die will er geben als Strafe, weil er nicht kann fressen die Scheiße. Na, die Gendarmen denken ein bissel nach, sagen: *Meinetwegen, diesmal verzeihn wir dir, gib her die Uhr!* Der Jud gibt die Uhr und geht schnell weg. Die Gendarmen gehen zum Tulli ins *Peisl,* besaufen sich, erzähln die Geschichte vom Schmul, die andern Saufhansl, die dort sitzen, lachen. Nach zwei Tagen bleibt die Uhr beim Tulli; sie haben damit bezahlt. Der Tulli gibt sie wieder zurück dem Schmul. Wie der Schmul deportiert wird, wer nimmt ihm wieder die Uhr: die Gendarmen! Ob es waren dieselben, weiß ich nicht, aber er ist ohne Uhr weggefahren nach Auschwitz.

– Was ist aus den Gendarmen, die damals in Oberwischau waren, geworden?

Alle weg mit den Horthytruppen! Auch die *Nyilaschen* – alle weg, der Funkenhauser, der Beschkid, der Traxler...

– Was ist aus dem Schmul geworden, weiß man das?

Ich weiß nicht, was aus ihm geworden ist, ob er noch lebt, ob seine Kinder leben. Sein Haus hat gestanden in der Hintergasse; jetzt wohnt dort ein Rumäne.

– Erzähl mir noch was!

Es sind keine schönen Geschichten, die ich weiß.

– Sie sollen nicht schön, sondern wahr sein!

Alles, was ich sag, ist wahr, denn das hat mir mein Onkel erzählt, und dann mein Schwiegervater, der „Kickn", das sind ernste Leut, keine *Kaßka*-Erzähler. Weißt, einmal haben sie einen Jud gefangen, das war an einem Sabbat. Also, sie fangen den Jud, gerade wie er geht nach Hause. Zwei waren es, ein SS und ein Gendarm, sie erwischen den Jud an den *Peikles* dort bei der Brücke und führen ihn so bis ins *Peisl*, gleich neben dem Fluß, dort, wo es auch heut ist. Im *Peisl* sind viele Leut, die lachen, wie der Jud so antanzt zwischen den beiden und jammert, weil sie seine *Peikles* in den Händen hatten. Dort verlangen sie vom Wirt ein großes Stück Speck und sagen dem Jud, er muß den Speck essen, wenn nicht, schießen sie ihn tot. Na, der Jud sagt, er kann den Speck nicht essen. Dann mußt du sterben, sagen sie. Der Jud sagt, er wird lieber sterben, als soll er essen den Speck. Die Besoffenen lachen, weil der will nicht essen den Speck. Weil sie ihn freilassen, rutscht der Jud unter den Tisch und will so hinauskriechen, er glaubt, man sieht ihn nicht. Aber die beiden haben gemerkt, daß er ist auf den Boden gerutscht, und der Gendarm sagt: *Ez nem zsido, ez kutya!* (Das ist kein Jud, das ist ein Hund!) Jetzt lachen wieder die Saufhansl, und der Gendarm sagt: *Weil du ein Hund bist, mußt du keinen Speck mehr essen, denn Speck ist nur für Menschen, aber nicht für Hunde. Du kannst jetzt gehn – aber auf allen vieren, so wie ein Hund, und bellen mußt du, weil du ein Hund bist. Wenn du nicht bellst, bist du doch ein Jud, und dann schlagen wir dich tot!* Na, was hat der Jud gemacht?

Er ist auf allen vieren hinausgekrochen, hat gebellt, und wie er auf der Straße war, ist er aufgestanden und ist davongelaufen.

– Und alle haben gelacht!

Ja, und alle haben gelacht! So hat man Spott getrieben mit den Juden.

– Wäre so etwas vor dem Jahr '40 möglich gewesen, also vor Hitler und Horthy?

Nein. Ich weiß bestimmt, daß vorher niemand Spott getrieben hat mit den Juden. Man hat sie *reschpektiert*, niemand hat was gehabt mit ihnen.

– Und wie erklärst du dir dann, daß plötzlich einige Zipser zu Unmenschen wurden?

Ich weiß nicht, wie ich das soll erklären. Aber ich glaub, es war die Propaganda. Man hat den Leuten immer wieder gesagt: die Juden sind so und so, und dann haben einige das geglaubt; es waren ja nur einige, die sich wie die *Schweiner* benommen haben. Die andern Zipser haben ja nichts gehabt mit den Juden, das weiß ich. Aber die, was auf die Leut von der Volksgruppe gehört haben, die waren dann auch plötzlich gegen die Juden, auch wenn sie noch bis vor kurzer Zeit nichts mit den Juden gehabt haben. So auf einmal waren sie gegen die Juden.

– Erzähl mir noch etwas!

Dies ist eine sehr *schieche* Geschichte, aber wahr! Ich hab dir gesagt vom Imbu Henner (geschrieben hat er sich Emmerich Henner). Ja, der war auf Urlaub in Oberwischau. Du weißt ja, daß Jesus Christus ein Jud war?

– Ja, Christus war Jude.

Ein echter Jud aber – von beiden Teilen, von der Mutter und vom Vater.

– Ja, aber mit dem Vater steht es so, daß Josef nicht sein Vater ist. Josef war mit Maria verlobt, als Jesus in Bethlehem auf die Welt kam, und Maria war Jungfrau.

Ich weiß, aber Josef war ja auch ein Jud.

– Josef war Jude.

Gut. Also der Henner war auf Urlaub gekommen. Und am ersten Tag ist er schon besoffen, und am zweiten Tag hat er wieder getrunken und geht mit einem Mädel hinauf auf die Erste Podury, wo der Friedhof ist. Da steht ein Kreuz, mit dem Jesus Christus drauf – aus Blech, aber schön bemalt. Der Henner nimmt seinen Revolver und sagt zum Mädel, soll sie sehn, wie gut er schießen kann. Und er schießt dem Christus in die Augen, in die Nase, in den Mund. Das Mädel hat sich erschreckt, hat sie nicht gewußt, soll sie weglaufen, soll sie bleiben, weil das war doch eine große Sünde. Na, sie ist geblieben. Das Ende aber ist so: der Henner fährt zurück an die Front, und genau nach sieben Tagen, nachdem er auf Christus geschossen hat, trifft ihn eine russische Kugel, und er ist auf der Stelle tot. Meine Großmutter hat gesagt, der Imbu hat auf den Jud geschossen, aber der war ja unser Herr Jesus Christus.

– Was haben sie sonst noch angestellt, diese SS-Burschen?

Ja, da ist viel passiert, aber die Leut sprechen nicht mehr davon, und was ich hab erzählt, das hab ich auch schon vor langer Zeit gehört, denn jetzt sagen die meisten: *Juden? Die waren einmal hier, die sind längst weg.* Und die älteren Leut, die sprechen nicht gern von diesen Zeiten, weißt? Aber ich kann dir noch erzählen die Sache mit dem *ånprunzten* Jud. Das war so: da haben sie einmal einen Jud gefangen, einen Schuster, was hat gewohnt hier in der Zipserreih', den Namen weiß ich nicht mehr, war er älter, und nach dem Krieg war er nicht mehr hier. Sie haben den gefangen, haben ihn geprügelt, bis er ist am Boden gelegen, dann haben sie ihn *ånprunzt.* Nachher hat man ihn geheißen *Ter ånprunzti Schuster.*

– Wer hat den Schuster *ånprunzt*?

Na, die SS, die drei Burschen, oder vielleicht waren es auch nur zwei von ihnen. Aber man hat gesagt nachher, so sechs-sieben sind es gewesen, auch Gendarmen. Das war so ihr Spaß... Dann ein andersmal haben sie mit Kuhmist die Fenster von den jüdischen Häusern einschmiert.

– Von welchen Häusern?

Die, was waren hier in der Zipserreih', nicht die in der Judengaß. Dorthin sind die SS-Burschen – wir haben so gesagt: die Burschen – nicht gegangen, dahin hatten sie keine *Kurasch*, dort waren zu viele Juden, und vielleicht hätte einer mit einem Stein geworfen. Denn unter den Juden waren ja auch große und starke Männer, die Fuhrleute, die Träger, die Metzger, die Waldarbeiter, das waren ja starke Leute, weil man ja bei so einem Beruf viel Kraft braucht. Also in die Judengaß sind die SS nicht gegangen, aber hier in der Zipserreih', im deutschen Teil von Oberwischau, haben sie gemacht, was sie wollten.

– Und hat niemand von den Zipsern etwas getan, als diese SS-Burschen mit den Juden machten, „was sie wollten"?

Ich weiß, ob jemand was getan hat? Möglich, daß die älteren Leut gesagt haben, es ist eine Schand, es ist nicht schön oder so was, aber ob jemand was getan hat, weiß ich nicht.

– Hier in der Gegend gab es doch etwa fünftausend Deutsche. Und da konnten drei SS-Männer – oder meinetwegen zehn oder zwanzig – und ein paar ungarische Gendarmen die jüdische Bevölkerung demütigen und quälen, wie es ihnen gerade einfiel. Wie war das möglich?

Also ich hab damals noch nicht gelebt, das heißt ich war zwei-drei Jahre alt, aber ich hab immer so gehört: man konnte nichts machen, die anderen waren stärker...

– Wieso waren sie stärker?

Wie soll ich mich ausdrücken? Sie waren die Leute vom System. Hitlerdeutschland, Horthyungarn, das waren die Länder, was hier regierten. Und wer dagegen war, den hat man eingesperrt oder erschossen.

– Wer hat wen eingesperrt?

Die Gendarmen, die haben für Ordnung gesorgt, und da konnte niemand etwas dagegen machen. So war es! Die Gendarmen waren auf der Seite der SS. Wenn man oben im Wassertal einen Partisan fing, hat man ihn gleich erschossen. So was ist passiert, nicht einmal! Die Leut hatten Angst...

– Erzähl mir etwas aus der Zeit nach dem Krieg! Wie war damals das Verhältnis zwischen Juden und Deutschen?

Schlecht. Es war ein großer Haß da. Die Juden, was aus dem Lager zurückgekommen sind, haben gedacht, die Zipser sind schuld an allem, sie haben gedacht, wir haben ihre Sachen gestohlen, und da sind sie in die deutschen Häuser gegangen und haben nach ihren Sachen gesucht. Bei uns waren sie nicht, wir hatten nichts im Haus, uns hatte man auch ausgeraubt. Die Deutschen waren ja aber geflüchtet, das wußten die Juden nicht, und bis sich die Sache geklärt hat, sind sie überall hin und haben nach ihren Sachen gesucht. Ja, da gab es viele Streitigkeiten zwischen den Deutschen und Juden…

– Sind alle Deutschen aus Oberwischau mit der Wehrmacht geflüchtet?

Nicht alle. Die, was oben auf den Bergen wohnten, wie die Familie Langthaler vom Tschunkaberg, oder andre, sind nicht geflüchtet. Die hat man nicht gesehn, die haben sich oben in den Wäldern versteckt. Dann sind zuerst die Russen gekommen. Die sind sehr bald nach den Deutschen hier durchgezogen, so nach ein paar Stunden oder nach einem halben Tag. Und die Russen, glaub ich, haben nicht viel gestohlen, denn die waren ja hinter den Deutschen her, die hatten keine Zeit für so was. Wie die Russen weg sind, auf Sigeth zu, war Oberwischau ganz leer. Vielleicht tausend jüdische Häuser und noch einmal so viele deutsche Häuser waren da, zugesperrt, die Tore zugeriegelt, alles schön in Ordnung… Und wie die Leut dann nach einem halben Jahr zurückgekommen sind, war alles ausgeraubt, die Häuser offen, alles weggestohlen… von denen, die nicht geflüchtet sind… Darüber könnte man viel erzählen, aber nicht hier und nicht heut. Die Juden haben das nicht verstanden, die haben nur gesehn, daß ihr ganzes Vermögen ist weg, und da haben sie gedacht, das waren die Deutschen. Aber von den Deutschen hat niemand was von den Juden genommen, das weiß ich bestimmt.

– Nachdem man die Juden verhaftet hatte, blieb die Einrichtung – was man so in einer Wirtschaft besitzt – in den Häusern zurück? Oder wurde auch der jüdische Besitz weggeschafft?

Das war so: Wie man die Juden verhaftet hat, also zur Deportation, durften sie nichts mitnehmen. Ja, vielleicht etwas zum Essen, aber sonst nichts. Die, was zurückgeblieben waren, mußten alle Wertsachen, auch Wäsche, Besteck, Kerzenleuchter, in die Große Gasse tragen, zum Tempel. Dort war eine Stelle, und hat man alles, was den Juden gehörte – außer Häusern und Tiere –, abliefern müssen, das war sehr viel, weil es ja viele Juden gegeben hat.

– Was ist dann mit diesem beweglichen Besitz der Juden geschehn?

Was weiß ich: die verschiedenen großen Herren haben sich davon bedient.

– Welche „großen Herren"?

Na, die von der Gendarmerie, andere in Uniform, genau weiß ich nicht, aber kein Zipser hat was von dort genommen, das kann jeder schwören. Die Zipser sind nicht zum Tempel gegangen stehlen! Ich glaub aber, man hat dann, als wir geflüchtet waren, ganze Arbeit gemacht – das gestohlen, was die einen und die andern dort vergessen hatten.

– Nach dem Krieg war also der gesamte jüdische Besitz weg?

Weg und vergessen. Nur die Häuser sind noch dagestanden, die konnte man nicht wegtragen. Aber das Vieh, die Schafe, und alles, was die Juden in den Höfen hatten, war weg.

– Das Vieh und die Schafe der Juden wurden doch gleich nach der Verhaftung ihrer Besitzer beschlagnahmt oder gestohlen. Wer hat sich da „bedient"?

Na, die, was die Juden weggeführt haben, die waren die ersten...

– Wann haben sich die Beziehungen zwischen Juden und Deutschen gebessert?

Ich bin schon in die Schule gegangen, das war im Jahr '49, da war schon keine so große Feindschaft mehr zwischen uns und den Juden. Nach dem Jahr '50 sind die Juden dann weggezogen, nach Israel. Zuerst waren es nur wenige, dann aber immer mehr – von denen, die zurückgekommen sind aus dem Lager. Ich weiß noch, wie meine

Mutter hat gesagt: *Die Juden gehn, sie haben hier kein Leben mehr...*

– Was heißt, „sie haben hier kein Leben mehr"?

Also das jüdische Leben in Oberwischau war ja durch den Krieg ganz zerstört worden, ich mein, ihr Leben war ja nicht mehr so wie früher. Dem einen war die Frau im Lager gestorben, dem andern die Kindern, oder einem waren die Kinder und die Frau gestorben, wie dem Mosche Friedmann. Sein Weib, die Baila, ist ja auch ohne Mann und Kinder geblieben. Was sollten die dann hier noch machen, die hatten keine Lust mehr, von vorn zu beginnen, das waren kaputte Menschen. Sind sie dann gezogen *aaf Israel*, wie die Zipser sagen, zu den andern Juden.

– Außer den vier Juden in Oberwischau – gibt es noch Juden hier in der Gegend?

Ich weiß nicht. Früher war in jedem Dorf ein jüdischer Tempel, heut sind noch die Friedhöfe da, drauf weiden die Küh von den Bauern. Ob es aber noch wo Juden gibt, ich weiß es nicht. Einmal, das war vor zwei Jahren, war ich mit meinem Sohn, dem kleinen, in Salwa, haben wir dort auf den Zug gewartet, und da hab ich einen Jud gesehn. Er ist gesessen auf einer Bank, am Bahnhof. Er hat getragen einen schwarzen Hut, schwarzen Mantel, aber *Peikles* hatte er nicht, nur das Haar war so lockig, hatte er einen Bart, so wie die alten Juden früher. Ist er gesessen auf einer Bank und hat gelesen in einem Buch. Ich hab zu meinem Sohn gesagt, er soll langsam vorbeigehn und sich den anschaun, denn das ist ein echter Jud, so einen sieht man nicht mehr. Na, er ist hingegangen und hat sich den Mann angeschaut, der hat gelesen und hat nichts bemerkt. Nachher hat der Bub gesagt, der Jud hat gehabt so weiße Hände und so ein weißes Gesicht: *Ssein tie Judn ßichr ßehr feine Leit?!* Hab ich ihm gesagt, das war ein studierter Jud, weil er auch im Buch hat gelesen, einer, was nicht arbeitet mit den Händen, aber es hat auch solche gegeben, was mit den Händen gearbeitet haben. Ich hab ihm das alles erklärt, es hat ihn interessiert...

Adolf Zirbus, *geb. am 12.5.1942 in Oberwischau (Vişeu de Sus), Besuch der Deutschen Elementarschule Nr. 1, anschließend Waldarbeiter im Wassertal, ab 1984 bis zu seiner Ausreise in die BRD, Dezember 1987, Glasermeister der Handwerksgenossenschaft Oberwischau. Verheiratet mit der Zipser Mundartdichterin Reßku Zawatzky-Zirbus, von der öfters Beiträge in rumäniendeutschen Zeitungen und Zeitschriften erschienen sind.*

Tonbandaufnahme (gekürzt) vom 10. Dezember 1987.

Das ist leider die Wahrheit

(Anton-Joseph Ilk)

– Als die Oberwischauer Juden in Vernichtungslager deportiert wurden, 1942 und 1944, warst du noch nicht geboren. Als kleiner Junge aber hast du dann noch Kontakte zur jüdischen Bevölkerung gehabt...

Die Juden gehören zu meiner Kindheit, ich hatte viele jüdische Freunde, Spielkameraden, Bekannte, Nachbarn... Wo wir wohnten, in der Schulgasse, gab es damals noch jüdische Familien, wenn auch die Einwohnerschaft Oberwischaus durch den Holocaust sehr stark dezimiert worden war. Aber die Kindheit liegt schon weit zurück, und die Menschen, die damals in meiner Nähe wohnten, die Leute, die ich kannte, sind aus meinem Blickfeld gerückt, so auch die Juden. Die Toten sind vergessen, die Überlebenden sind fortgezogen. Heute leben noch genau vier Juden in Oberwischau, früher waren es etwa fünftausend, und man sagt: in der Stadt, im Schtetl, gibt es keine Juden mehr, dafür aber auf dem Judenpergl – dort ist nämlich der Friedhof.

– Du sagtest zuvor, daß es nach dem Zweiten Weltkrieg in der Schulgasse noch jüdische Familien gegeben hat. Erinnerst du dich vielleicht, wie die geheißen haben und was sie von Beruf waren?

Gegenüber von uns, in der Schulgasse, wohnte eine jüdische Familie: Stern. Er war Fleischhauer und schrieb sich, wie man bei uns sagt, Isaak Stern; dieser Name stand auf seinem Firmenschild. Neben dem Laden stand das Wohnhaus, das ähnlich aussah wie die deutschen Häuser: es war aus behauenen Holzstämmen errichtet, außen behauen und gebeizt, innen beworfen und weiß getüncht, mit der Längsseite zum Hof, und da gab es, wie auch bei den Zipser Wohnhäusern, einen langen gedeckten Gang, den *Ssaal*. Hier wohnte also die Familie Stern. Die Frau Stern hieß mit Vornamen Schali und stammte, soweit ich weiß, aus der Nordmoldau, aus Botoşani, ebenso eine Schwester der Frau Schali, die ebenfalls dort wohnte. Diese Schali-*Näni* war eine herzensgute Frau, die uns

Kinder mit Süßigkeiten verwöhnte. Man muß das aber so verstehen: zu jener Zeit gab es keine Schokolade oder andere wunderbare Dinge, die heute in westdeutschen Paketen ins Land kommen, damals freuten sich die Kinder schon über ein Stück Würfelzucker.

– Hatten die Sterns Kinder?

Ja, zwei Buben, Schuli und Antschi. Ob das nun die richtigen Namen waren, weiß ich nicht. Man hat sie jedenfalls so gerufen. Ende 1958 sind sie nach Israel ausgewandert.

– Erzähl mir etwas von der Familie Stern.

Ihm sagten wir Itzig-*Batschi*, ihr Schali-*Näni*. Als Kind habe ich keinen Unterschied sehen können zwischen ihnen und unseren Eltern, ich meine, was den Umgang mit den Menschen anbelangt. Auch sie waren zu allen Leuten sehr freundlich, auch sie waren hilfsbereit, auch sie sprachen deutsch, untereinander aber dann ihre *Sprach*, Jiddisch, sie kleideten sich so wie die Zipser oder die Deutschen. Was sie tatsächlich von uns unterschied, waren ihr Glaube und ihre Bräuche.

– Hast du das als Kind feststellen können?

Ja, denn jede Woche, wenn *Schabbes* war, ging einer von uns, meist die Mutter, zu ihnen, zündete die Kerzen an, machte Feuer und tat das, was die Juden an ihrem Feiertag nicht tun dürfen, denn die Sterns waren sehr gläubig. Ab Freitagabend bis Samstagabend haben sie nicht gearbeitet. Der Schuli und der Antschi trugen übrigens die typischen *Peikles*, die Schläfenlocken. Und als ich dann später Juden sah, die keine Schläfenlocken hatten, so schien mir das irgendwie seltsam, denn zu unseren Juden gehörten die Schläfenlocken.

– Waren die Juden fleißig? Waren sie ehrlich?

Das sind gleich zwei Fragen, aber sie sind wichtig, und darauf will ich auch wahrheitsgemäß antworten. Die Familie Stern, und alle Wischauer Juden, die *ich* gekannt habe, waren sehr ehrlich. Man könnte sogar sagen, daß sie ehrlicher waren als so manch ein Deutscher, denn sie mußten sehr auf ihren Ruf als Händler und Handwerker achten. Hätte nämlich *ein* Jude krumme Geschäfte gemacht, so hätte es gleich geheißen, *die Juden* sind Betrüger.

Sicher hat es auch Juden gegeben, die unehrlich waren, denn auch *in Wåld ßind nit ålli Peimr gråd wåchsn,* wie es im Volk heißt, aber ich habe solche Leute nicht gekannt. Der Itzig und die Schali waren auch sehr fleißig und vor allem sauber – was natürlich auch nicht dem Klischee vom „schmutzigen Ostjuden" entspricht. Sie waren sogar in mancher Hinsicht mehr auf körperliche Sauberkeit bedacht als die anderen Völker im Wassertal.

– Wieso waren sie eigentlich „sauberer" als die anderen Bevölkerungsgruppen?

Es gab in Oberwischau mehrere rituelle Bäder – für Männer, für Frauen. Die Rabbiner achteten sehr auf Sauberkeit, das gehörte zum Glauben.

– Die Juden waren also, wie du sagst, ehrliche Leute. Aber waren sie auch fleißig? So fleißig wie die Zipser, deren Fleiß ja sprichwörtlich ist?

Man kann die beiden Bevölkerungsgruppen nicht vergleichen, jeder war da fleißig in seinem Beruf. Es gab das deutsche Handwerk, und es gab das jüdische Handwerk, denn die Juden waren zum kleineren Teil Händler und Gastwirte, zum Großteil waren sie Handwerker und Bauern. Und wer in der Nachbarschaft einen jüdischen Schuster hatte, der konnte von in der Herrgottsfrüh bis spät am Abend das Klopfen hören, denn es gab viele Schuhe zu flicken. Und die jüdischen Schneider waren auch den ganzen Tag beschäftigt. Es gab auch jüdische Fuhrleute, Arbeiter im Sägewerk usw., das waren alles fleißige Leute, denn sonst hätten sie ja keine Chance gehabt, weil das Angebot an Arbeitskräften groß war.

– Warum hieß es dann manchmal, die Juden wären Betrüger, sie wollen nicht arbeiten und nur Geld verdienen?

Wer das behauptet oder behauptet hat, kennt nicht das Leben im Schtetl, und der hat auch nicht die Wischauer Juden, die Ostjuden, gekannt. Das Leben im Schtetl war so vielfältig und bunt, so pulsierend und voller Dynamik, jeder arbeitete, tat etwas und war aber auch sehr auf seinen guten Ruf bedacht...

– Entschuldige. Eine Zwischenfrage: Wieso sprichst du vom Schtetl, wenn du nach dem Krieg das Oberwischauer Schtetl eigentlich nicht mehr erlebt hast?

Also das Schtetl war die Gegend um die Judengaß, und da wohnten auch nach dem Krieg, bis Ende der fünfziger Jahre, hauptsächlich Juden. Die Überlebenden des Holocaust hatten sich wieder dort zusammengefunden, wo einst ihr Zentrum gewesen war. Freilich war die Situation nun eine ganz andere... Aber um auf deine Frage nach dem „betrügerischen und faulen" Juden zurückzukommen. Diese Behauptung habe ich auch schon gehört, bereits Ende der fünfziger Jahre, als ich noch ein kleiner Bub war, und auch heute noch kann man so etwas hören. Jene, die so von den Juden gesprochen haben, waren die Vertreter der „Volksgruppe" und ihre Anhänger – von denen es auch nach dem Krieg immer noch welche gab und wahrscheinlich auch heute noch gibt –, man könnte sagen, es sind Neonazis, obwohl sie nicht einmal das sind, denn sie haben kein politisches Konzept, sie reden so daher, ohne darüber nachzudenken.

– Haben die Neonazis ein „politisches Konzept"?

Sie meinen vielleicht, eines zu haben.

– Nun, das ist kein Gesprächsthema. Woher kommt es dann aber, daß auch heute noch manche Leute sagen: *Er ist schlau wie ein Jud* oder *Der stinkt wie ein Jud*?

Das sind die sprachlichen Überbleibsel einer Zeit, die viel Unheil über uns gebracht hat. Die Zeit ist vorbei, aber manche Redewendungen sind geblieben. Es ist so: Wenn ein Unschuldiger mit Dreck beworfen wird, dann bleibt immer etwas haften, wie sehr er auch immer versucht, sich sauber zu machen. Es gibt auch Leute, die sagen ihren Kindern: *Seid brav, sonst kommt der Jud und führt euch fort!* In den meisten Fällen haben weder die Eltern noch die Kinder jemals einen Juden gesehen. Die Drohung aber stammt auch aus der Zeit des Faschismus, als Gerüchte verbreitet wurden, die Juden hätten christliche Kinder geschlachtet.

– Wer hat solche Gerüchte verbreitet?

Die Faschisten und alle ihre Anhänger, die Nyilasch, die Volksgruppler und wie sie nun hießen.

– Und diese Gerüchte wurden geglaubt?

Am Anfang natürlich nicht, und auch später haben die meisten Deutschen solchen Unsinn nicht geglaubt. Aber das Volk wurde trotzdem zum Teil verhetzt, eine antijüdische Stimmung kam auf – auch wenn es unter der deutschen Bevölkerung nur höchstens ein Prozent Antisemiten gegeben hat –, und das genügte schon, um das bis dahin ungetrübte Zusammenleben zu stören. Die Juden wurden uns gegenüber mißtrauisch, die deutsche Bevölkerung war verunsichert. Und mit der Propaganda dieser Art ist es ja so: Man muß eine Lüge nur oft genug wiederholen, und da wird sie schließlich geglaubt.

– Das hat Dr. Josef Goebbels gesagt, oder jedenfalls so ähnlich.

Er wird es ja gewußt haben.

– Zwischen 1931 und 1944 amtierte in Oberwischau Pfarrer Alois Baumgartner. Nachdem die etwa 5 000 deutschen Einwohner zu 99 Prozent Katholiken waren, hatte der Pfarrer doch ein sehr wichtiges Wort zu sprechen. Welches war die Einstellung des Pfarrers bzw. die der Kirche in der „Judenfrage“?

Da war keine „Einstellung“, die Pfarrer haben sich nicht gegen die antijüdische Propaganda geäußert, und sie haben auch nichts unternommen – oder wenigstens *versucht*, zu unternehmen –, als die Juden in Viehwaggons verladen und in die Lager geschickt wurden.

– Vergiß nicht, daß du selbst Priester bist…

Das vergesse ich keinen Augenblick, aber das ist leider die Wahrheit, und zu der sollte man sich jetzt, nach bald fünfzig Jahren, bekennen. Pfarrer Baumgartner hat nie etwas gegen die offizielle Meinung, gegen die faschistische Staatsmacht getan. Ich kann das nur bedauern, aber ändern kann ich daran nichts.

– Hättest du damals, als katholischer Pfarrer, gegen den Faschismus Stellung genommen?

Wer mich kennt, weiß, daß ich das getan hätte. Denn es ging ja da um die Vernichtung von Menschen, und da ist es unwichtig, ob das nun Christen oder Juden sind.

– Es hieß ja aber damals, man würde die Juden „auf Arbeit“ schicken, sie sollten „ehrlich arbeiten“ usw.?

Ja, so sagten die Vertreter der Behörden, und sogar manche Juden haben das geglaubt. Denn wenn sie gewußt hätten, daß sie in den sicheren Tod fahren, hätten sie sich nicht abführen lassen, sie hätten wenigstens den Versuch gemacht, sich zu wehren. Es wäre zu einem Aufstand gekommen, wie zum Beispiel im Warschauer Ghetto. Ich glaube aber, man konnte schon damals sehen, daß es nicht „auf Arbeit“ ging, denn mit Arbeitskräften geht man vorsichtiger um, die muß man ja arbeitstüchtig erhalten. Die Juden jedoch wurden unmenschlich behandelt, und es spielte keine Rolle, wie viele bis zum Abtransport krank wurden oder starben.

– Kehren wir noch einmal zur Familie Stern zurück. Waren der Itzig und die Schali auch deportiert worden?

Das weiß ich nicht, denn als Kinder haben wir über die Horthy- und Hitlerzeit nicht gesprochen, weil wir uns fürchteten, etwas Verbotenes zu sagen. Aber ich habe gelegentlich gehört, daß sie viele Familienangehörige verloren hatten. Die Kinder sagten manchmal, daß ein Onkel oder eine Tante in Auschwitz ermordet worden sind, so wie heute jemand sagt, sein Onkel ist an der Ostfront gefallen – ohne jeden Haß gegen die Deutschen.

– Zwischen „Ostfront“ und Auschwitz ist doch ein Unterschied?

Natürlich. Ich meine das so, daß diese Juden mir und meiner Familie nach dem Krieg viel geholfen haben, auch mit Lebensmitteln. Wenn meine Mutter krank war oder nach Sigeth fahren mußte, kam die Schali-*Näni* und sorgte auf uns Kinder. Oder sie verschaffte uns Lebensmittel, das heißt, sie besorgte uns Zucker, Zitronen oder Mehl, was praktisch nicht zu bekommen war. Sie halfen uns, wo sie konnten, wir lebten in guter Nachbarschaft, wie man sagt.

– Das war auch vor dem Krieg so gewesen.

Ja. Eine alte Zipserin, die mir vor kurzem Lebenserinnerungen auf Tonband gesprochen hat, sagte: *Vor tie Grausamkeiten vun Auschwitz hamt ßich tie Judn mit tie Zipser wie Priedr verstandn.*

– Erinnerst du dich noch an andere jüdische Einwohner aus eurer Nachbarschaft?

Da war der Silberherz, der hatte einen Laden mit Gemischtwaren, dann gab es einen Schuhladen, der gehörte dem Hager – wir sagten auf Zipserisch: *a Schuchgwelb* –, Mehl und Geschirr kaufte man beim Lebwohl – das heißt, Mehl gab es selten, aber dafür schöne bunte Töpfe und Reindl –, der Juwelier Farkas war Jude. In der Bachgasse gab es eine Werkstatt, die einer Jüdin, Polka-*Näni*, gehörte, und dort arbeiteten viele Zipserinnen beim Reinigen der Schweinsdärme, die man zum Wurstmachen brauchte. Die Juden aßen natürlich keine Wurst, aber die übrigen Einwohner. Ja, und da gab es noch den Arzt Dr. Josef Steingießer, der alle Oberwischauer Deutschen behandelt hat, und wenn jemand kein Geld hatte, was damals oft vorkam, so behandelte er ihn weiter – unentgeltlich. Das war vielleicht der beste Mensch, der jemals in Oberwischau gelebt hat. Mit seiner Tochter, Edith, war ich befreundet. Sie wohnten etwas weiter von uns, in der Borschagasse, die heute Tudor Vladimirescu heißt. Diese Edith stammte übrigens aus Steingießers zweiter Ehe: seine erste Frau und die drei Kinder wurden in Auschwitz ermordet. Trotzdem hat er nach dem Krieg alles getan, um der deutschen Bevölkerung Oberwischaus zu helfen: er war Arzt und Freund für jeden von uns. Das werden alle bestätigen, die ihn gekannt haben. Der erste Mann meiner Mutter zum Beispiel wurde von Dr. Steingießer lange Zeit behandelt, und er hat sich um alle seine Patienten, auch wenn sie schon im Spital eingeliefert waren, noch weiterhin persönlich gekümmert, und dafür hat er kein Geld verlangt.

– Und mit der zweiten Frau hatte Dr. Steingießer dann nur die Edith?

Nein, er hatte drei Töchter, die größere hieß Klara, die mittlere, mit der ich befreundet war, hieß Edith, und an die kleinere kann ich mich nicht mehr so genau erinnern, die hat mich nicht interessiert.

– Gingen sie in die deutsche Schule?

Ja, denn auch Dr. Steingießer sprach sehr gut deutsch, er hatte auch viele deutsche Bücher. Und weil ich zu den besseren Schülern zählte, rief man mich oft zu Edith nach

Hause, damit ich ihr vom Unterricht, wenn sie gefehlt hatte, die Schulaufgaben zeigte. Aber auch zum Spielen war ich dort eingeladen.

– Sprachen die Steingießers untereinander jiddisch?

Nein. Die Eltern sprachen untereinander ungarisch, mit den Kindern, den Mädchen, jedoch nur deutsch.

– Für Steingießer war aber Deutsch die Sprache jener Mörder, die seine erste Frau und seine drei Kinder umgebracht hatten?!

Sicher war Deutsch die Sprache der Mörder gewesen – und wie man weiß, auch Polnisch, denn in Auschwitz hat es ja auch polnische Handlanger gegeben, diese Todesfabrik hat ja Kriminelle aus verschiedenen Ländern beschäftigt –, aber, was ich sagen wollte: Dr. Steingießer hat einen großen Unterschied gemacht zwischen den Deutschen hier im Tal, den Zipser Sachsen, und den Deutschen aus dem Reich. Wir waren ja an der Vernichtung der Juden nicht mit beteiligt gewesen, und das hat er gewußt, und darum hat er unsere Leute wie Menschen behandelt. Dazu gehörte aber viel Mut und Großherzigkeit...

– Lebt Dr. Steingießer noch?

Ob er noch lebt, in Israel, weiß ich nicht. Er müßte dann gut über siebzig sein. Jetzt fällt mir aber auch ein, wie die kleine Steingießer-Tochter geheißen hat: Olga. Die Klara hat übrigens, noch bevor sie ausgewandert sind, in Klausenberg Klavier studiert, sie war sehr begabt. Mit der Edith stehe ich heute noch in Briefwechsel, sie lebt in Israel, in Zfat.

– Man hat mir erzählt, daß die Juden friedfertiger waren als die Deutschen, daß sie sich nicht betrunken und auch nicht untereinander gestritten haben. Stimmt das?

Daß sie friedfertiger waren als die Deutschen hier im Tal, stimmt. Ob sie untereinander nicht oft gestritten haben, weiß ich nicht. Ihre Streitigkeiten haben sie jedenfalls nicht in der Öffentlichkeit ausgetragen, und schon gar nicht in den Kneipen. Die Juden haben nur einmal im Jahr vielleicht einen Schluck mehr getrunken, und das war am *Purim*, aber sonst waren sie nicht *rauschig*, das war nicht jüdische Art. Wenn sie aber auch soviel getrunken hätten wie die Zipser Holzfäller und Flößer, dann wären sie wahrscheinlich genauso rabiat geworden. Nun, im nüchternen Zustand waren auch unsere Leute friedfertig. Ich will da noch etwas hinzufügen; auch heute noch meinen die alten Zipser: *Mit a Jud kånnst tich pessr vertrågn wie mit a Prudr.*

– Dein Vater war Gastwirt und besaß zwei größere Wirtshäuser – eines in Oberwischau und eines im Wassertal. Hatte er auch geschäftliche Beziehungen zu den Juden?

Ohne seine jüdischen Geschäftsfreunde hätte er nicht bestehen können. Die belieferten ihn mit Lebensmitteln und vor allem mit Getränken. Das Bier – übrigens ein damals sehr bekanntes und gutes Bier – bezog er von der jüdischen Brauerei Dreher & Hagemacher. Die Belieferung war prompt, alles funktionierte, die Juden waren eben auch gute Geschäftsleute.

– Wo waren deine Eltern, als die Oberwischauer Juden deportiert wurden?

In Oberwischau. Aber – ich weiß, worauf du anspielen willst – da konnte man nichts machen, die Maramuresch war besetzt, es war viel ungarisches Militär im Tal, außerdem die Gendarmerie und die Vertreter der faschistischen Vereine usw. Da war jeder Widerstand ausgeschlossen. Die Zipser waren ja kleine Leute – Arbeiter, Handwerker, mein Vater Gastwirt –, die hatten nichts zu sagen. Ich weiß nur, daß meine Mutter öfters von Auschwitz gesprochen hat und dabei immer wieder betonte: *Was die Deutschen mit den Juden gemacht haben, darf man nie vergessen!* Wenn bei der Deportation das einfache Volk nicht protestiert hat, so geschah das darum, weil niemand genau wußte, was mit den Juden geschehen wird und weil die Leute hier im Tal völlig uninformiert waren. Wenn aber der Pfarrer Baumgartner geschwiegen hat, so hatte das einen nationalistischen Grund: er war, genauso wie der Kadicsfalvy und die anderen Henker von Oberwischau, gegen alle Nichtmadjaren und natürlich besonders gegen die Juden. Baumgartner, der bekanntlich ein Sathmarschwabe war, sprach zu Hause mit seiner Mutter, die damals auch hier lebte, nur schwäbisch; kam jedoch jemand hinzu, sprach er nur noch ungarisch, wobei ihm die

Mutter schwäbisch antwortete, denn die verstand kein Ungarisch. Baumgartner, Kadicsfalvy, Ortsgruppenleiter Funkenhauser und alle anderen aus der Leitung der damaligen Großgemeinde Oberwischau dürften schon gewußt haben, was mit den Juden geschieht, sie lasen ja Zeitungen, reisten herum, bekamen Informationen, was bei den einfachen Zipsern nicht der Fall war. Die lebten wochenlang in den Wäldern und kamen dann für einen Tag ins Tal, Frauen und Kinder zu besuchen... Die Henker und *tábor csendőr*, die die Juden ausgehoben haben, die Wächter im Arbeitslager in der Sägewerkgasse, der späteren Herrengasse, waren alles Ungarn.

– *Wirst du keine Schwierigkeiten haben, weil du über diese Dinge so offen sprichst?*

Warum? Ich habe doch nur die Wahrheit gesagt.

Anton-Joseph Ilk, *geb. am 8.2.1951 in Oberwischau (Vişeu de Sus), Besuch der deutschen Abteilung der Achtklassenschule Oberwischau, 1967–1971 Kantorenschule in Karlsburg, anschließend daselbst Studium an der Theologischen Fakultät, 1977 zum Priester geweiht, dann sieben Jahre kath. Pfarrer in Sathmar, seit 1984 Stadtpfarrer in Neustadt (Maramuresch), veröffentlichte seit 1970 Schwänke in Zipser Mundart sowie volkskundliche Aufsätze in rumäniendeutschen Zeitungen und Zeitschriften. 1984 erschien sein Buch „Ter Zipser mit ter Laater. Kschichtn", Kriterion Verlag, Bukarest, und 1990 brachte er die Sammlung „Zipser Volksgut aus dem Wassertal", N.G. Elwert Verlag, Marburg, heraus.*

Tonbandaufnahme vom 28. März 1989.

Der Frieden, wu ist der blieben?

(Moses Pollak)

Mein Vater war a Fiakerer; er ist aber gestorben jung, wie ich war sechs Jahr alt. Er hat geheißen Kaim Schloim; Kaim, das war der Familienname. Ich hab geheißen nach meiner Mutter – Pollak. Dann, wie die *Moascha* ist gangen mich eintragen, hat sie mich eintragen auf der Mutter ihr Namen, und bin ich dann so verblieben – Pollak. Meine Mutter hat geheißen Pollak Toba...

– Wo habt Ihr gewohnt, als Ihr ein Kind wart?

Damals haben wir gewohnt im Schtetl, in a Gaßl bei der Judengaß, neben dem Bäcker Weinberger, also, wann weißt, wu wohnt der Schofhirt Friedmann: der wohnt *asoj*, und mir haben gewohnt gleich *asoj*, ganz nah.

– Euer Vater war Fiakerer. Was waren Eure Großväter?

Die waren Holzarbeiter, arme Leit, was haben gearbeitet im Sägewerk. Und hatten sie noch a klaanes Stickl Feld, haben anbaut Krumpirn, Mais, Fisolen, Rieben – was man so hat braucht zum Leben.

– Wer ist früher in Oberwischau mit dem Fiaker gefahren?

Jo, mit dem Fiaker sind gefahren nur die Herren, die andern Leit sind gangen zu Fuß. Mein Vater hat transportiert Geschäftsleit, was sind kommen von anderswo, hat er sie fiehrt bis auf Deesch, auf Naßod, auf Sigeth – dorten, wu sie hatten zu tun. Ist er aber auch nur gefahren bis Unterwischau, Petrowa, Leordina, hat dann dorten gewartet, bis die Herren haben gemacht ihre Geschäfter, hat er gewartet manchmal a ganzen Tag.

– Die Mutter war Hausfrau?

Jo, die Mutter war gewest a Hausfrau. Wie mein Vater ist gestorben, ist sie blieben a Witwe, a arme jiedische Witwe mit vier Kinder. Hat sie missen allein sich verrichten... Mein Bruder Josef ist in Israel, und der klaane Bruder Jankel und meine Schwester Reisel – a so a scheenes Mädele war die gewest! – sind zugrundgangen in Deitschland und in Auschwitz. Die Schwester ist mit einundzwanzig Jahr gangen ins Gas, und der klaane Bruder hat noch gelebt sieben Monat in Deitschland, und dann habens ihn derschossen, weil er hatte nur vierzehn Jahr, war zu klaan fier Arbeit, und ist kommen a Befehl, daß die Kinder, was sein unter sechzehn Jahr, soll man derschießen; und hat ihn die SS derschossen. War er gewest a so a guter Pub, a scheener Pub, hat niemalst nit mit awém gehabt a Streit, hat immer sich sehr gut verstanden mit alli Leit, und dann habens ihn derschossen, weil er war zu klaan fier Arbeit.

– Woher wißt Ihr, daß man ihn derschossen hat?

Hat mir erzählt aaner, a Jud, was hat mit ihm gewohnt in derselben Baracke. Hat er mir viel erzählt vom Jankel, hat er gesagt, daß der Klaane hat immer so a Sehnsucht gehabt nach seiner Mame, nach seine Geschwister, nach Wischau, hat ihn die Sehnsucht beinah aufzehrt, hat er immer sagt: *Muß ich alles machen, soll ich ieberleben das Lager, soll ich awánn wieder kimmen zahaus.* Hat er gearbeitet alles, was man hat sagt, war er auch Torwächter beim Lager, hat er auch aufpaßt auf die andern, aber hat er far niemand nix Schlechtes macht. Hätt er nit missen sterben, und hätt auch nit missen sterben die arme Reisel... aber so war gewest ihr Schicksal: sollen sie gehn zugrund.

– Euer Bruder Jankel war in einem Arbeitslager in Deutschland, und die Schwester Reisel war in Auschwitz. Warum ist sie nicht auch in ein Arbeitslager gekommen?

Weil sie ist gangen mit der Mutter, hat sie nit wollen allein lassen die Mutter. Und wie sie sind ankommen in Auschwitz, da waren viele Juden, junge und alte Leit, von ieberall hat man sie bracht, und da haben die SS-Leit immer schrien: *Links! Rechts! Links! Rechts!* Einige haben missen gehn nach links, andre nach rechts. Aber die Leit haben nit gewußt, was heißt „links“ und was heißt „rechts“, denn „links“, das war ins Feier, und „rechts“, das war die Arbeit. Meiner Mutter haben sie gesagt *links*, und der Reisel haben sie gesagt *rechts*. Aber die Reisel war ja a so a gutes Kind, hat sie nit lassen wollen die Mutter allaan, war die Mutter sehr schwach vom Transport, hat sie kaum noch kinnen stehn auf die Fieß, hat die Reisel bittet den SS-

Mann, soll er ihr erlauben zu gehn auch nach links. Na, der hat lacht und hat sagt: *Jedem das seine, kleine Jiedin!* Und die Reisel hat sich auch noch bedankt, daß er ihr hat erlaubt zu gehn nach links zu der Mame. Jo, und dann ist sie aber auch gangen mit der Mame ins Gas und ins Feier …

– Woher wißt Ihr, daß Eure Schwester mit dem SS-Mann gesprochen hat?

Hat mir erzählt a Frau, was war gestanden neben meiner Schwester, und *die* hat ieberlebt. *Jedem das seine,* hat er gesagt und hat gelacht, weil meine Schwester hat wollen gehn mit ihre Mutter. Denn wär sie nit gewest a gietes Kind, hätt meeglich auch sie ieberlebt. Einundzwanzig Jahr war sie gewest, a sehr a scheenes Mädele. Hat sie noch nit kinnen heiraten, weil war meine Mutter a arme Witwe, und hat sie nit gehabt Geld zu geben fier *Schadchen,* das war der Mann, was hat arranschiert die Heiraten fier arme jiedische Mädele oder fier solche, was waren schiech.

– Ihr wart vorher schon in ein Arbeitslager gekommen?

Mich hat man genommen zur *Munkaszázod,* wie das geheißen hat bei den Ungarn, zum Arbeitslager, bevor man hat die Juden fiehrt auf Auschwitz. Zuerst war ich auf Bánya, auf Neistadt, wie die Zipser sagen, dann von dort nach sieben Monat auf Ditró bei Tîrgu Mureş, dorten haben wir gearbeitet auf der Bahnstrecken. Von dorten hat man uns dann wieder zurickbracht auf Bánya, und dann hat man uns bracht auf Budapest, und dorten waren wir in den Waggonern drei Wochen auf a tote Linie einsperrt. Dann aber haben sie uns fiehrt auf Szombathely, und dorten haben wir gearbeitet a ganzen Winter. Am 16. Jänner, im Jahr '44 hat man uns bracht auf Admont, a Lager in Eesterreich, dorten haben uns dann die Russen befreit, aber von zweihundert Mann, was wir waren wegfiehrt worden von Szombathely, was hat geheißen auf deitsch Steinamanger, sind wir blieben sechzehn. Sechzehn haben wir ieberlebt in Admont, die andern hat die SS derschossen.

– Wieso hat man nicht auch Euch erschossen?

Ich werd dir sagen warum. Immer in der Nacht sind sie

hereinkummen in die Lager und haben geschrien: *Abmarschieren!* Die, was sind gangen, hat man am Morgen nit mehr gesehn; die waren wegfiehrt worden, aber wir haben gewußt, daß sie meeglicherweise sind derschossen worden. Ich hab mir schon gemacht Gedanken, wie soll ich es anstellen, daß ich hier kann bleiben im Lager, daß ich nit muß abmarschieren. Das hab ich aber gedacht nur fier mich, hab niemand was gesagt. Bin ich dann amol in der Nacht wegschlichen, weil waren nicht mehr viele Wächter, die meisten waren schon weg, und hab ich mich zuerst versteckt in a Hof bei a Bauer. Na, der hat ka Ängsten gehabt, der hat auch wartet, soll der Krieg aus sein. Dorten war ich drei Täg, dann ich bin zurick ins Lager, was war inzwischen leer: die SS war weg, die Gefangenen hat man wegfiehrt, niemand war mehr dorten, und darum hab ich gedacht: da bist sicher! Das haben auch gedacht andre Juden, denn es sind noch kommen drei Ukrainer, auch Juden, und a Jugoslawe, auch a Jud. Waren wir fimfe, was haben wir wartet, bis sind kimmen die Russen.

– Die Russen haben Euch dann befreit. Das heißt, Ihr wart ja schon frei, denn die SS hatte das Lager vorher geräumt.

Die SS war weg, und auch die Gefangenen waren weg. Zuerst haben die Russen gedacht, nur wir fimf haben ieberlebt, aber wir haben ihnen gesagt, daß die andern hat man wegfiehrt. Jo, die Russen waren sehr gut zu uns, waren wirklich gute Leit, haben sie uns zuerst geben a Essen, weil das aanzigi, an was wir haben kinnen denken, war: *Essen!* Na, als wir wieder hatten Kraft, haben die Russen gesagt, wir sollen sofort abziehn, weil es kann sein, daß die Deitschen kummen nochamol zurick. Die Russen haben uns dann bracht auf Szombathely, Steinamanger, wie es noch heißt, das war nicht weit, maximal 42 Kilometer war das von uns, vom Lager. Von Szombathely bin ich dann zahaus kummen mit die Bahn, mit a Pferdewagen, mit was war. Bis dann hab ich nit gewußt, was ist passiert mit meiner Familie, hab ich nit kinnen denken, daß meine Mutter, der Jankel und die Reisel sind tot. In Sigeth hab ich schon geheert, was ist mit ihnen passiert, aber ich hab nit kinnen wollen glauben.

– Euer Bruder Josef war auch im Arbeitslager gewesen?

Den hatten die Ungarn wegfiehrt in a Arbeitslager neben Ushgorod, was heißt auf ungarisch Ugocsa und auf deitsch Ungersmarkt; das ist oben in der Ukraine, denn die Ungarn hatten ja das Gebiet wieder genommen, das war ja wieder Ungarn geworden. Von dorten haben ihn die Russen befreit, war er fimf Jahr im Lager gewesen, a sehr a schwere Zeit. Dann ist er gangen im Jahr '44 auf Deitschland und von dorten, spoter, auf Israel. Er ist nit mehr kummen zurick nach Wischau. War ich von meiner Familie der aanzigi, was ist zurickkommen nach Wischau.

– Dann habt Ihr eine Christin geheiratet?

Hab ich geheiratet im Jahr '48 a Christin, a deitsche Frau, a Zipserin, Therese Kreiter, und bin ich verheiratet mit ihr seit einundvierzig Jahr. Hab ich a Tochter, Anna, hat sie geheiratet a Romänen, Sasu, und heißt sie jetzt Sasu Anna; sie lebt in Israel und hat zwei Söhne, und hab ich einen Sohn, was lebt in Deitschland, in Nirnberg, heißt er Alexander.

– Ich hab mit vielen Zipsern gesprochen, und die haben gesagt: Juden und Deutsche haben zusammengelebt wie Brüder. Ist das richtig?

Das ist ja richtig! Die Juden haben stark gut zammlebt mit die Deitschen, die Zipser. Da war ka Gool nit, da war ka Hoß nit, alles war scheen, bis ist kummen der Hitler. Da ist die Marmarosch zu Ungarn kummen, und da habens viel Militär herbracht, Polizei, und fier uns war dann ka Leben nit mehr hier im Tal...

– Mit wieviel Jahren habt Ihr begonnen, die Schule zu besuchen?

Mit fimf. Zuerst bin ich gangen in die Cheder, mit fimf Jahren, dann nur noch drei Jahr in die staatliche Schul, weil mein Vater war gestorben an *Rack*, wie ich war sechs, und meine arme Mutter hatte ja ka Geld nit, und dann bin ich gangen arbeiten – mit zwelf Jahr.

– Wo habt Ihr gearbeitet?

Ich hab gearbeitet in a Schneiderei, bin ich zuerst gangen in die Lehre zu a jiedischen Schneider hier in Wischau. Seit damals halt ich die Nadel in die Händ – schon dreiundfuffzig Jahr... Aber das Fach hab ich noch immer gern, ist es ein jiedisches Fach, weil hier in Wischau waren ja nur jiedische Schneider, fimfzehn Schneider waren hier! Jo, einer war a Christ, a Zipser, Kraftschik hat er geheißen, aber der hat gehabt nur jiedische Lehrlinge und Arbeiter, die andern vierzehn waren alles Juden. Haben sie gemacht die Kleider fier die Deitschen, die Romänen, die Ruthenen, fier alle, was haben hier lebt im Tal... Und ich macht heint a Anzug, so exakt und scheen, was in der Cooperativa kinnens nit machen. Jo, jiedisches Handwerk hat immer gehabt goldenen Boden, hat es ihn aber auch heint noch.

– Wie hat der Meister geheißen, bei dem Ihr in der Lehre wart?

Hat er geheißen auch Pollak – Pollak Burch Mendel. Aber waren wir nit verwandt. Hat es gegeben viele mit diesen Namen, auch Deitsche. Seine Werkstatt hat er gehabt turten, wo ist die deitsche Kirchen, gleich daneben. Da war a langer schmaler Hof, und turten hat gewohnt a Jud, was hat geheißen Sternheld, und turten beim Sternheld hat gehabt der Pollak seine Werkstatt. Beim Pollak hab ich gelernt, und ich hab gearbeit, bis man mich hat wegfiehrt auf Arbeit. War er ein stark guter Mensch, waren wir wie Freinde.

– Erinnert Ihr Euch noch an andere jüdische Schneider?

Jo, war der Damenschneider Haimewitsch, a sehr a guter Schneider, waren noch andre, Am Platzl, in der Herrengaß, der Miehlgaß, der Judengaß im Schtetl, der Borschagaß, aber der Burch Mendel Pollak war a sehr guter Meister, meglich der beste.

– Gab es noch andere jüdische Handwerker in Oberwischau?

Oj, hat es gegeben sehr viele! Hat es gegeben auch Schuster, Kirschner, Bäcker, Blechner, Fleischhacker, a Uhrmacher, a Goldschmied, hat es aber auch gegeben Juden, was hatten a Gewelb, a Geschäft, und hat es gegeben Juden, was waren Arbeiter im Sägewerk, beim Elephant (so hat geheißen der Besitzer, war auch er gewest a Jud), das waren sehr arme Leit, so arm, daß sie sind gangen im Sommer bloßfießig in die Arbeit (weißt, weil sonst a Jud ist nit gangen bloßfießig auf der Gaß, aber die sein gangen auch auf der Gaß bloßfießig).

– Was waren das für Arbeiter?

Die haben getragen Bretter, nix anders haben die macht, nur Bretter tragen den ganzen Tag, Bretter schleppt auf dem Puckl; das waren die ärmsten Juden. Viele von ihnen haben gehabt Familie, Kinder, und darum haben sie missen arbeiten, und das war, kannst mir glauben, a sehr a schwere Arbeit – auch fier a storken Jud. Denn die, was haben gearbeitet als Trager, das waren gewest sehr storke Menschen, weil die Arbeit war ja sehr a schwere.

– Aber es hat auch reiche Juden gegeben, solche, die *a Gwelb* hatten – die haben doch gut verdient?

Gut verdient, oder wie mir sagen: *a gietes Verdienst* hat gehabt nur der Elephant, was hat gehabt das Sägewerk. Die vielen kleinen jiedischen Kaufleit, die haben es ein wenig besser gehabt wie die jiedischen Arbeiter. Gut gelebt haben die jiedischen Handwerker, weil die haben immer gehabt Arbeit, aber dafier haben sie auch sehr viel arbeiten missen. Der Schuster Berl oder der Schneider Pollak hat gearbeitet von in der Fruh bis an Abend, manchmal bis auf die Nacht, wann er hatte a wichtige Bestellung. Heilig war nur der Sabbat, und Freitagabend, da hat niemand nix mehr gearbeitet, aber am Sunntag, da habens schon wieder gearbeitet – die Juden.

– Wie habt Ihr zu Hause gesprochen? Deutsch, zipserisch oder jiddisch?

Haben wir gesprochen jiedisch, denn das war unsere *Mameloschen*, unser Sprach, aber mit den Deitschen haben wir gesprochen deitsch und mit den Zipsern haben wir gesprochen zipserisch, und mit jedem seine Sprach. Kennen mir redn jiedisch, wann kennst jiedisch, mer kennen redn jiedisch... Haben mer sich so angewehnt, zu reden mit a jeden in seine Sprach. Hochdeitsch ist ka scheene Sprach, ist a kalte, a harte Sprach, jiedisch und zipserisch sein viel mehr warme Sprachen, freindlicher, so wie eesterreichisch, weißt? Wann sprecht aaner so, kannst dich gleich mit ihm fiehlen wie mit a Freind, spricht aaner hochdeitsch, kriegst schon Ängsten – so ist es mit dieser Sprach...

– Ihr *kriegt Ängsten*, wenn *aaner* spricht *hochdeitsch*?

Weißt, das ist so: In dieser Sprach haben geredt die SS-

Leit, was haben mich schlagen und was haben umbracht meine Mame, meine Reisel, meinen Jossel. Wann ich heer diese Sprach, muß ich immer denken an *die Zeit*, was war gewest, da kinnen mir nix nit ändern, das ist so! Wann ich heer zipserisch oder die deitsche Sprach, was reden die Leit vun hier, muß ich immer denken an Oberwischau, an die Zeit, wie ich war a klaaner Pub, an die Kindheit, an die scheenen Jahre, was sind gewest vor Horthy und Hitler. Das ist der Unterschied: *Das aane klingt wie a Gwehr, was auf mich schießt, das andre klingt wie a alte Músik*, verstehst?

– Ein schöner Vergleich.

Ob er ist scheen oder ob er ist schiech, ich weiß nit, aber er ist wahr.

– Ihr habt dann nach dem Krieg eine deutsche Frau geheiratet. War das nicht ungewöhnlich? Nach Auschwitz heiratet ein Jud eine deutsche Frau?

Mein Freund, los jetzt amol gut her! Ich, a Jied vun Oberwischau, a jiedischer Schneider, hab nit geheirat a *deitsche* Frau, ich hab geheirat *die Frau*, was ich hab geliebt, die Frau, was war far mich die beste, und ich hab mit sie gelebt einundvierzig Jahr, und das waren scheene Jahre, glickliche Jahre, und keine anderi Frau hätt mich kinnen machen aso glicklich. Natierlich hat sagt der eine und hat sagt der andre, warum hast geheirat a Christin; und far sie hat man sagt, warum hat sie geheirat a Jied. Aber das hat uns nit steert, denn wir waren glicklich, wir haben zwei Kinder, gute und fleißige. Am 20. April im Jahr '48 ist geboren meine Tochter Anna, und auch am 20. April, aber im Jahr '52 ist geboren mein Sohn Alexander; das war a gruße Freid, soll ich haben a Sohn... Aber was ist wichtig? Der Glauben, die Religion oder der Mensch? Hat es gegeben schlechte Jieden, hat es gegeben schlechte Christen, und vun beiden hat es gegeben auch gute Leit. Ich hab gesehn immer auf die Menschen: Was ist das fier a Mensch? Das hab ich fragt! Weißt, das Leben ist so kurz, es vargeht aso schnell, die scheenen Jahr, alles ist nur wie a Rausch, auf amol wachst auf und sickst, du bist a alter Jied, allaan, und deine Freind sein gestorben, und dann denkst: Ojoj, wie schnell ist vargangen die ganze schajne Zeit, wie bist worden a alter Jied, wu sein die Leit, was haben gelebt neben dir? *Das Leben ist viel zu kurz, daß ist Zeit far Schlechtheit!* Darum missen mir leben wie Menschen! Mir missen denken an a jeden Tag, daß heint kann sein, ich seh zum letztenmol die Sunnen, die Menschen, was ich hab lieb. A jeder Tag ist a Geschenk vun Gott! Wann du das weißt, dann kannst leben richtig, dann kannst dich wirklich frein ieber alles, was uns gibt das Leben. Soll Gott uns pahieten, daß wir tun awós Schlechtes!

– Um noch einmal auf die Deutschen und die deutsche Sprache zurückzukommen. Ich glaube, man muß unterscheiden zwischen den Deutschen in Oberwischau, den Zipser Sachsen, und den Deutschen in Deutschland. Die einen hatten vor und nach dem letzten Weltkrieg nicht dasselbe Schicksal wie die andern.

Soll niemand sich paleidigen, aber Deitschland ist a Misthaufen! A scheener Misthaufen, ist wahr, aber a Misthaufen! Das ist ka Volk nit mehr, was turten lebt, das ist a Gemisch, a schlechti Mischung, des ist meine Meinung; ob sie ist richtig, ich weiß es nit. War ich aber drei Monat in Deitschland, und hab ich mich umschaut, und was ich hab gesehn, hat mir nit gefallen.

– Was hat Euch nit gefallen?

Wie die Menschen denken! Nit wie sie leben, denn sie leben sich gut, aber wie sie denken, wenn sie ieberhaupt noch haben Zeit, awós zu denken. Sie haben verloren, das, was man nennt *Gemieht*, das deitsche Gemieht, die Giete, die Warmheit. Es sein geworden kalti Leit, die Deitschen, Leit mit a Haarz vun Stein... Mein Freind, die Deitschen waren nit gewest a schlechtes Volk, und sie sind, ich glaub, auch heint ka schlechtes Volk (es gibt ieberhaupt ka schlechte Velker nit, alli sein gut; aber es gibt schlechti Leit, was machen die gruße Politik, und das ist das Maleer, was kummt auf die Menschen, die Politiker, die die Leit anfiehren, denn a so aaner war der Horthy und a so aaner war der Hitler), die Deitschen sein gescheite Leit, sie sein fleißig, und sie sein sicher noch awú in ihr Haarz vun Stein auch gut, aber ihre Gutheit ist so tief varschlossen, daß man sie nit mehr kann kinnen sehn. Diese fleißigen Steinmenschen kinnen auch nit mehr denken als an Geld, an Verdienst, an scheene Autos, an scheenen Urlaub, sie kinnen nit denken an anderi Menschen, an Kinder, sie haben nit gern Kinder, sie brauchen nit haben Kinder, weil far Kinder mußt haben a Herz, a offenes Herz... Die Deitschen haben a Konto auf der Bank, sie haben a Auto, aber a Herz, mein Freind, das haben sie nit mehr, das ist far sie a zu teires Stick, das kinnen sie nit kaufen mit *harte Währung*. Was ist geworden mit das deitsche Volk, ojoj, was hat die Zeit mit ßes gemacht?! Klagen kann man, nur klagen! Aber ka Deitscher wird das varstehn, ka Deitscher wird wissen, was ich hab gemeint. Er wird sagen: *Aber es geht uns ja gut, wir haben alles, was wir brauchen, mein Herr, wir waren auf Urlaub auf Bahamas...* Und dann erzählt er, was er alles hat kauft mit sein viel Geld, und aanes, das Wichtigste, hat er nit: Das Herz fier andere Menschen! Hat er meeglich a Herz fier a Hund, a dicken deitschen Hund, oder fier a Katz, a scheene deitsche Katz, aber hat er nit a Herz fier a Kind...

– Deutschland ist tatsächlich das Land der verwöhnten Hunde und Katzen. Aber man kann doch nicht sagen, daß es keine Deutschen gibt, die Kinder mögen.

Sicher gibt es auch solche Deitsche, aber das sind die wenigen... Gut, ich will nit sagen, daß ich hab recht, meeglich ich kann mich irren, aber das, was ich hab gesagt, ist gewest meine Meinung: kann sie sein richtig, kann sie sein nicht richtig.

– Eure Frau lebt aber seit zehn Monaten in Deutschland?!

Meine Frau ist blieben auf Deitschland, wie sie war zu Besuch bei meinem Sohn, das ist wahr. Aber ich werd nit kinnen leben in Deitschland, meeglich, ich werd gehn auf Israel zu meiner Tochter. Mein Ort mecht sein auf Israel, denn dorten sein mir zu Haus. Aber vor Deitschland hab ich Ängsten?

– *Ängsten* vor den Menschen?

Ich hab nit Ängsten vor den Menschen, ich hab Ängsten vor dem Leben in Deitschland. Es wird nit nochamol kummen a Hitler, aber es wird kummen a Zeit, wu die Leit werden wieder so schlecht sein wie damals in der Kristallnacht –, das ist meeglich, so was kann passieren. Wir werden dann nit mehr leben, aber weißt, wer dann sein wird das Opfer? Nit die Juden, weil die sein zu wenigi. Das Opfer werden sein die Tierken, die mit a anderi Hautfarb und a anderi Haarfarb, und die, was sein kummen vun Polen, vun Rußland, vun hier. Gott weiß, ob es wird so sein, wie ich jetzt sag, aber es ist meeglich, und wann etwas ist meeglich, kann es auch kummen.

– Kann man etwas dagegen tun, daß diese Katastrophe nicht eintrifft?

Mein Freind, das ist a schwere Frag. Ich bin nur a einfacher Jied, a Schneider, und asú a Frag zu paantworten ist stark schwer. Aber a jeder Mensch muß wissen, wuher er kummt und wuhin er geht, und so ist es auch mit a Volk; auch a Volk muß wissen, wuher es ist kummen und wuhin es wird gehn, auch die Deitschen missen wissen, was sie warn vor dem Hitler seine Zeit und was sie sind *heint*, und was sie werden sein *morgen*. Sie missen lernen vun die Fehler, aber zuerscht missen sie wissen, was sie haben schlecht macht. Darieber missen sie nachdenken! Aber wer denkt in Deitschland? Denkt awér? Fier denken, fier klären ist ka Zeit nit, die Leit sein so vernommen mit Arbeit, mit Verdienst, mit Geld, daß niemand denkt nit mehr nach. Und das ist der Fehler, denn a Volk, was war a gescheites Volk, a gutes Volk, hat ka Zeit nit zu denken, was wird kummen in der näkschten Zeit...

– Ich möchte noch einmal auf die Zeit vor 1940 zurückkommen. Wie haben die Juden ausgesehen, wie haben sie sich gekleidet?

Die Jieden haben ausgesehn wie Jieden, a Jud war a Jud, und das war gewest gut so. Warum soll sein a Jud was anders. Die Frauen waren stark scheen, die Mädele schlank wie Puppen, die Männer waren meistens groß, stark, wie ich. Die Frauen haben sich kleidet wie die Trag war, wie man sich hat kleidet und wie man sich hat tragen. Lange scheene Kleider (kurze Kleider, wu man kann sehn bis hinauf, hat man damals nit tragen, nit amol die ganz schlechten Stickl vun Weibern sein so herumlaufen), die Jiedinnen haben sich so kleidet wie die Deitschen. Die Männer, die Jieden, haben sich jiedisch kleidet – mit a schwarzen Hut, mit a *Kaftán*, mit schwarzi Schuch, am Sabbat mit a *Straml* am Kopf, jo, so jiedisch, mit *Pajes*, daß man gleich hat kinnen sehn, wer ist was. (Ich hab keine *Pajes* nit gehabt, auch wie ich war a Kind nit, mein Vater war gewest a Moderner.) Die Jieden haben sich gewaschen, auch zahaus, auch im jiedischen Bad, hat es nit geben stinkigi Jieden, wie manche Leit haben gesagt. Auch das Essen hat missen sein rein, *kuscher*, alles so, wie hat verlangt es das Gebot. So haben sie gelebt: mit viel Arbeit, mit viele Kinder, aber auch mit viel Freid, weil das Leben war scheen hier im Wassertal, bevor ist kommen der Hitler.

– Was hat sich dann geändert?

Alles, mehr wie alles. Ist auf einmal gewest a so a grußer Haß, daß mir Jieden haben uns nur staunt. A Mensch hat ka Gewinnst nit, wann er ist a Schlechter, und mir Jieden haben immer dacht, der Horthy wird awánn wieder gehn, mir haben nit dacht, daß er wird uns alle wegschaffen auf Arbeit und auf Auschwitz. Das haben mir nit kinnen halten fier meeglich, wer hat dacht, daß auf aamol wird sein a groiße Vernichtung. War hier a jiedische Frau, Herz hat sie geheißen, a reiche Frau, und hat sie gemacht an a jeden Freitag fimfzig klaane Packl mit a Stick Rindfleisch, a paar Eier und a klaanen flochtenen *Challerl*, und hat sie des schickt zu die armen Leit, zu die Witwen (auch meine Mutter hat immer so a Packl bekommen), und diese Frau, was war a so a giete Frau, hat auch missen gehn ins Gas und ins Feier… *Far wos?* Das kann man fragen. Diese Frau war immer giet gewest zu alli Leit. Und die Kinder, was sind gangen ins Feier, was haben die macht in ihren kurzen Leben? Und der Jossele, mein Bruder, hat der gemacht a aanzigi groißi Sind in sein kurzes Leben? Und die Reisele, die giete schajne Reisele, mein Schwesterle, hat die awós macht in ihren Leben, daß sie dafier soll missen sterben in Feier? Und die Mame, und die andere Leit, die vielen – wievieli richtigi Sinder waren unter sie? Wer kann das wissen? Waren es zehn, waren es hundert, waren es tausend (von fimftausend Wischauer Jieden), aber muß man strafen a Sind mit Gas und Feier? Darf a Mensch strafen? Nur unser Herrgott darf strafen! Alles, was war und was ist kommen, die Deportation, die Vernichtung, hat macht der groiße Haß; die Gool auf die Jieden ist kummen vum Hitler und vum Horthy…

– Wann hat die Verfolgung der Juden in Oberwischau begonnen?

Wie die Ungarn sind hereinkummen in die Marmarosch.

– Bis dann hat es keine *Gool* gegeben?

Frag die Zipser, frag die Romäner, uns haben mir sich gelebt wie Brieder, in Frieden. War hier in Wischau a stark gutes Volk (waren noch Romänen, Ruthenen, a paar Polacken und anderi), aber alli Leit haben sich stark gut verstanden... Wie die Ungarn im Jahr '40 sein hereinkummen, haben die Juden missen bringen Akten bis zum Urgroßvater, daß sie damals schun haben hier gewohnt. Na, vieli haben das nit kinnen bringen, denn waren sie kummen von Galizien, vun der Bukowina, ohne Akten, nur mit a Wagen und a Pferdl, manche sein auch kummen zu Fuß. Die aber, was nit haben kinnen bringen Akten, waren nit mehr anerkannt als Birger, die waren nix mehr. Damals ist kummen a altes Weib zu meiner Mutter und hat sagt: *Scháchenta* (das heißt Nachbarin), *dejs bringt kajn Gietes far uns!*

– Habt Ihr den Schulleiter Karl Funkenhauser gekannt?

Oj, wie nit! War er a stark schlechter Mensch, aaner vun die Horthyleit, hat er viel hetzt gegen die Jieden, viel Schlechtes sagt ieber uns. Wann er ist gangen auf der Gaß und ist vorbeikummen a Jied, hat er schrien: *Az anyát minden zsidok!* Aber amol haben mir ihn gut droschen. Haben mir ihn hereinlockt in a Hof (ist er gelaufen hinter a klaanen Jiedele, hat er es wollen schlagen), und turten im Hof haben mir wartet, oj, haben mir ihn droschen (nit mit die Händ, weil haben mir uns nit anschmutzt vun dem Faschist, nur mit Stecken), haben mir ihn turten liegenlassen und sind weitergangen.

– Hat man nachher nicht herausbekommen, wer den Funkenhauser *droschen* hat?

Nein, hat man nix erfahren, weil, weißt, uns haben mir schwiegen, und die Leit haben nix wußt. Na, die *Tschender* sein gangen in die jiedischen Heiser und haben ieberall fragt, aber niemand hat nix wußt. Hat der Funkenhauser gehabt a so gruße Gool, aber hat er nix kinnen machen. Nachher, wie man hat die Jieden fiehrt auf Auschwitz, hat er sich sehr freit.

– Gab es noch andere Faschisten in Oberwischau?

Na wie nit! Aber nit viele, einige Ungarn, einige Zipser, was waren bei der SS. War aaner, Funer Gyulka, Julius

Funer, a *Render*, hat er gearbeitet beim Birgermeisteramt von Oberwischau, der war a sehr a schlechter Mensch, der ist gangen, die Juden verklagen, sind dann kommen die *Tschender*, die Polizisten, und haben die Jieden wegfiehrt, einsperrt und schlagen.

– Warum hat er die Juden verklagt?

Na, war es so: ist er gangen zu die jiedischen *Gwelber* und hat kassiert Geld, wer zahlt, hat ka Problemer nit gehabt, wer nit hat zahlen kinnen, der hat gehabt Problemer. Haben ihm viele gezahlt, und haben sie nit gehabt Problemer, hat er sie lassen in Ruh. War ein anderer, Lajku Fellner, ist er gestorben jetzt vor zwei Wochen (hat er lang gelebt, länger wie die Mehrheit vun die Jieden), der hat vun die jiedischen Mädele und Weiber ausrissen die Ohrringel vum Ohr, mit Haut und Fleisch, mit alles. Waren nach dem Krieg noch Frauen, was hatten zerteilti Ohren.

– Und wieso wurde dieser Fellner nach dem Krieg nicht bestraft?

Wen hat man kinnen strafen? Und wieso, wieso! Weil nach dem Krieg ist er nit gleich zurickkummen auf Wischau, und nachher, wie er ist kummen, waren nur noch wenige Jieden hier, die meisten waren schon wegzogen auf Israel, und so hat er gelebt ungesteert, hat keine Problemer nit gehabt, ist scheen alt worden. War a andrer, a *Tschender*, hat er geheißen Bajtási, a tichtiger, a Gebirg vun a Mann. Wann der ist gangen auf der Gaß und hat getroffen a Jied, der hat schon kinnen absagen vum Leben, den hat er auf der Stell derschlagen, so zum Spaß. Hat er immer gesagt, man muß die Juden ausrotten, wie die Leis, a sehr a schlechter Mensch. Auch die Ungarn waren sehr schlechti Leit, und wie sie sind hereinkummen mit die Federn am Hut, die *Tschender*, Gott pahiet, waren die bees. Immer zu zwaat sind die gangen auf der Gaß, und wer nit hat kinnen gehn schnell in a Hof, den habens so zammdroschen, daß er ist liegenblieben auf der Erd. A sehr a schlechtes Volk war das.

– Man kann doch nicht sagen, daß die Ungarn ein schlechtes Volk sind, wenn die Gendarmen sich unmenschlich aufführen.

Auffiehrt haben sich auch die Beamten, das Militär und

alle, was sein kummen nach dem Jahr '40. Siehst, mit die Romäner war das anders, die haben uns nix macht, die Romäner sind bessere Leit, die haben mehr Gutheit, die sind gietiger, und wann ich fier a romänischen Offizier vor dem Jahr '40 awós hab genäht, hat er bezahlt. Der ungarische *Tschender* oder der Offizier hat nix zahlt, der hat verlangt und genommen, und man hat missen froh sein, daß man nit noch Schläg kriegt hat. So war das, kannst mir glauben... Und wie man hat im Jahr '44 die letzten Juden vun hier wegfiehrt auf Auschwitz, habens die jiedischen Heiser ausreimt, weil, wie wir sein zurickkummen, waren die Heiser leer, auch die Fenster und Tieren haben gefehlt. Und das haben nit die Deitschen vun hier macht, denn die hatten ja ihre Heiser, und außerdem waren auch sie flichtet vor die Russen, die Deitschen haben uns nix wegnommen, die haben selbst alles verloren im Krieg...

– Und woher hat man gewußt, wer die jüdischen Häuser *ausreimt* hat?

Hat man gewußt vun die Romäner, was haben nachher erzählt, wer hat genommen aus die jiedischen Heiser. Aber vun vieli vun uns war das nit mehr so wichtig, weil wir hatten verloren unsre Geschwister, unsre Eltern, unsre Kinder, und wer hat dann noch dacht, soll er suchen gehn Sachen, was haben gestanden im Haus.

– Nach dem Krieg haben sich Juden und Deutsche, Zipser Sachsen, nicht mehr so gut verstanden wie vor 1940.

War a Gool da, aber nur bei aanigi. Ich hab ka Deitschen nit gehaßt, weil unsre Deitschen hier, die hatten ja ka Schuld nit an unser Schicksal, die waren ja nit mit dem Hitler gewest, und die, was waren gewest Hitleristen, die sein ja noch vor dem Ende wegzogen. Warum hab ich sollen hassen die Leit, was hier waren? Los her: da bin ich amol standen bei der Brucken, wu die Bahn hält, was kummt von Sigeth, und hab ich wartet auf jemand, und da ist abstiegen a Zipser SS-Mann, ich hab nur gesehn den Totenkopf am Kappel, und schon hat er mir eine feiert ins Gesicht mit die Faust, so stark, daß mir ist gleich flossen das Blut aus Nasen und Mund, hab ich nit mehr kinnen schauen, so stark war der Schmerz. Und der SS-Mann ist weitergangen, in der linken Hand hat er tragen a Koffer, und er hat sich nit ámol umdraht. Er hat mich ins Gesicht schlagen, so wie wär das awós geweenliches, nix pasonders. Hätt ich nun missen hassen alle Deitschen?

– Nein, aber die SS.

Die SS-Leit vun Wischau waren bleede Puben, dumm, nix im Kopf, was sie haben kinnen, war saufen, schießen, schlagen. Darieber zu reden, es bringt nix, ist a verloreni Zeit.

– Aber eben wegen diesen *bleeden Puben* und ihren Verbrechen gab es nach dem Krieg den Haß gegen die Deutschen.

Nit wegen die, wegen Hitler, wegen Auschwitz, wegen die grußen Verbrechen. Ich hab nit gehaßt die Deitschen, ich hab sagt, ich werd mir nit vergoolen das bißerl Leben, was ich noch hab, mit Haß, ich will leben, und ich will scheen und ruhig leben, *ich hab ka Zeit nit fier Haß*, fier Vergeltung, fier Rache. Los her: Nach dem Krieg, so im Jahr '46, bin ich gangen hier am Fluß, und turten, wu ist die *Puntje*, ist kummen a Deitscher, hat er geheißen Schießer, a kleiner schwacher Mann, und entgegen sein kummen zwei Romäner, und auf amol haben sie den Deitschen erwischt und haben geschrien: *Măi, hitleristule, amú te omorîm!* Sie haben auf ihn einschlogen, und sie hätten ihn umbracht, denn damals war noch ka Polizist hier und ka Gericht nit. Ich bin hinlaufen und hab sagt: *Laßt den Mann zufrieden, er hat euch nix gemacht! Was?* haben die schrien, *du bist a Jud, und du mechtest paschitzen a Deitschen?* Hab ich sagt: *Der Deitsche ist auch a Mensch, und wenn er hat gemacht awós, wird er seine Straf bekommen vun a Gericht, nit vun eich!* Na, die beiden wollten jetzt mich schlagen, aber ich war a starker Mann, groß bin ich ja, Händ hab ich große, und ich hab dem aanen a Watschen herunterhaun, daß er ist gefallen in den Fluß, wo war gelegt *Hanif*, hat es sehr stunken. Der andere, wie er hat gesehn, wie das so geht, ist er weglaufen. Nach a Jahr bin ich fahren in a romänisches Dorf, Sapintza, und wie ich fahr mit dem Wagerl auf der Gaß, ruft awér hinter mir und kummt gelaufen, will mir pussen die Hand – war es der Schießer. *Du hast mir gerettet das Leben!* hat er gesagt. *Warum hast du das fier mich getan, Jied?* Hab ich ihm sagt: *Weil du bist auch a Mensch, und wird dich richten unser Gott!* Hat er mich fragt: *Du glaubst so stark an Gott?* Hab ich ihm sagt, das ist das aanzigi, an was ich glaub.

– Eure Tochter lebt in Israel und Euer Sohn in Deutschland, wo auch Eure Frau ist. Ihr müßt Euch nun entscheiden zwischen Deutschland und Israel.

Jo, ich muß mich entscheiden, aber ich weiß nit, wie soll ich mich entscheiden, weil das ist sehr schwer. In Deitschland ist meine Frau, aber *mein Ort* ist in Israel – das Land, wu soviel Blut ist flossen, das klaane Stickel jiedisches Land, a stark scheenes Land, dorten bin ich zahaus, dorten mecht ich amol sterben. In Deitschland mecht ich sein zu Besuch, zu meinem Sohn, der auch a deitsche Frau hat, a Zipserin vun hier.

– Nach jüdischem Gesetz ist Euer Sohn kein Jud, weil die Mutter eine Christin ist.

Gut, ist er ka richtiger Jud, ist er auch nit getoift, aber ist er mein Sohn, und ist er a stark guter Mensch... Vielleicht ist er a Deitscher, meeglich, daß er sich schon wie a Deitscher fiehlt, aber das ist ka Fehler nit; soll er haben die Giete, die Gutheit, was die andern nit mehr haben.

– Euer Sohn Alexander ist mit einer Oberwischauer Zipserin, Marianne, geborene Pollak, verheiratet. Pollak war auch ein häufiger deutscher Nachname.

Jo, ist es schon spoßig, daß der Sohn vum Jieden Pollak heiratet a Tochter vum Deitschen Pollak. Aber hat der Deitsche ka Schuld nit, daß er hat a jiedische Namen, oder, meinst ich hab a deitschen Namen?

– Erinnert Ihr Euch noch an ein jiddisches Sangl? Zum Beispiel an das Sangl *Inter a klein Beimale,* an *Zehn Brieder sein mir sich gewejsn,* an *Mamenju, ljubenju, Die Mame ist gegangen, Mit a Nudl un a Nudl,* das jiddische Schneidersangl?

Ojoj, hab ich alle gekannt, diese schajnen jiedischen Sangl, kimmmt mir zu waanen, wann ich sie heer, aber nach dem Krieg hab ich nit mehr kinnen singen... Ist es a groißes Wunder, daß ich hab kinnen lachen, aber singen, das hab ich vargessen. Wann ich so bin allaan und denk zurick an die Zeit, wie noch gelebt meine Mame und wie hat gerochen die *Jauch*, die Suppen, was sie hat gemacht, oj, der Duft, der feine Duft, was war in der Stuben, wann sie hat kocht, dann muß ich waanen, weil die Zeit ist gewest, und sie wird nit mehr wiederkummen. Vorbei, vorbei, schajnes jiedisches Leben in Wischau, alli sein tot, einigi sein auf Israel gangen, und ich sitz da allaan, a Jied, a Schneider, der letschti jiedischi Handwerker – und far wos? Soll ich nähn mit sechsundsechzig Jahr noch Kleider fier anderi Leit. Far wos? Brauch ich noch haben Geld? Far wem soll ich lassen mein Haus? Far wen soll ich arbeiten, wenn alli sein weg? Soll ich waanen, aber das hilft nit, bringt nix, ka Gewinnst, nur macht das Haarz noch schwerer... Werd ich gehn auf Israel, soll ich liegen in jiedischer Erd, wu keine Schäf oder Kieh kummen und gehn ieber mein Grab, wie hier auf unsern Friedhof am Judenbergl. Und die jiedische Welt, nach die du immer fragst, mein gieter Freind, die jiedische Welt *ist gewest*, sie ist storben im Jahr '44. War a schajne Welt, das kinnen sagen die, was sie haben gesehn, was haben damals gelebt. War viel Freid, war viel Laad, war auch Schmerz, aber auch *der Frieden*, was uns hat geben Gott, und jeder hat sich gut fiehlt. *Aber heint, der Frieden, wu ist der blieben? Ich weiß es nit!*

Moses Pollak, *geb. am 7. 7. 1923 in Oberwischau (Vişeu de Sus), Besuch der Chederschule, dann der staatlichen rumänischen Vierklassenschule, nach der dritten Klasse Schneiderlehre, später Schneidermeister, 1940 Deportation zur Zwangsarbeit in verschiedene ungarische Lager, Rückkehr 1945, heiratete 1948 eine Zipserin, Therese Kreiter, hat zwei Kinder, einen Sohn in der BRD und eine Tochter in Israel, drei Enkelkinder. Sein Vater war Fiakerer, die Großväter Holzarbeiter, die Mutter, Toba Pollak, und die Schwester, Reisele Pollak, wurden in Auschwitz ermordet, Bruder Jankel ist in Deutschland erschossen worden, und Bruder Josef war fünf Jahre in einem ungarischen Arbeitslager in der Ukraine und lebt heute in Israel. Moses Pollak arbeitet als Schneidermeister mit eigener Werkstatt in Oberwischau.*

Tonbandaufnahme (gekürzt) vom 20. Juni 1989.

Glossar

åbmiedet (zips.)	müde, verbraucht
Alimentara (rum.)	Lebensmittelladen
Amper (zips.)	Eimer
anflucht (zips.)	beschimpft
asoj (jidd.)	so
auf [Naßod usw.] (zips.)	nach
auf Porges (zips./jidd.)	die Schulden aufschreiben, ankreiden
Banda (ung./rum.)	Bande, Gruppe, Clique
Bánya	Nagybánya, Neustadt, Baia Mare [Stadt in Nordrumänien]
Batschi (ung./zips.)	Onkel
Bejgalech, Bejgeles (jidd.)	Gebäck
Borsch (ukr.)	gesäuerte Suppe
Brins[e]n (slow./zips.)	Schafkäse
bűdős czipszer (ung.)	stinkiger Zipser
bűdős olah (ung.)	stinkiger Walache [Rumäne]
bűdős zsidó (ung.)	stinkiger Jude
Chalat (jidd.)	leichter, mantelartiger Überwurf aus Seidenstoff
Challerl (jidd.)	kleines geflochtenes Brot
Channuka, Chanuka (hebr.)	Lichtfest, in der jüd. Religion das zur Erinnerung an die Wiederherstellung des Jerusalemer Tempels durch Judas Makkabäus (164 oder 165 v. u. Z.) im Dezember gefeierte Tempelweihfest
Cheder (jidd.)	Elementarschule mit Unterricht in Bibel und Talmud
Chremsl (jidd.)	ein Gebäck aus geriebenen Kartoffeln
Cooperativa (rum.)	Handwerksgenossenschaft
Dentist (rum.)	Zahnarzt
Depozit (rum.)	Warenlager
E şmecher ca jidanu (rum.)	Er ist schlau [durchtrieben] wie ein Jude
Ez nem zsidó, ez kutya (ung.)	Das ist kein Jude, das ist ein Hund

far (jidd.)	für
Fehler, er war [nicht] der (zips.)	ihn trifft keine Schuld
Fisol(e)n (zips.)	grüne Bohnen
Fondi (zips.)	Teufel
Fuxen (zips.)	Spottname der Rumänen
Gåål, schårfi (zips.)	große Wut (auf jmd. haben)
Gebäcks (jidd.)	Backwerk
G[e]welb (jidd./zips.)	kleiner Laden, kleines Geschäft
gfillti Fisch (jidd.)	gefüllter Fisch (typ. jüd. Gericht)
Ghetto, Getto (ital.)	Judenviertel; im Mittelalter oft durch Mauern von der übrigen Ortschaft abgetrennt
giet (jidd.)	gut
giete Jauch (jidd.)	gute Suppe
gietes Verdienst (jidd.)	hohes Einkommen
Gjäbe (rum./zips.)	Nadel- oder Stockschwämme
Gool	s. Gåål
Gosch(e)n (zips.)	Maul, Mund
Großgoscherte (zips.)	Maulhelden
Hamal (rum.)	Lastträger
Haputsch (zips.)	Ball
Jauch (jidd.)	Suppe
Kaftán, Kaftan (jidd.)	langer, schwarzer Mantel der Ostjuden
kaka [machen] (Kindersprache)	große Notdurft verrichten
Kaßka (zips.)	sagenhafte Erzählung
Kaßkaner	*s. Kaßka*
Katschkei	*s. Klepsch*
Katschula (rum.)	Pelzmütze
Kenigsfeld	Königsfeld
Kenigsgretz	Königsgrätz
Kichn (zips.)	Küche
Klaadl (zips.)	Kleid[chen]
Klaus (zips.)	Wassersperre, Staudamm
kleeren (jidd.)	[über etwas] nachdenken
Klepsch (zips.)	Stockspiel
Klesmer (jidd.)	Wandermusikant
Knippel (zips.)	Stock, Knüttel
Kondi (österr./zips.)	Konditorei
Korbatsch (zips.)	Peitsche, Knute
koscher (jidd.)	nach den jüdischen Speisegesetzen rituell

	rein und den Gläubigen zum Genuß erlaubt; Gegensatz: treife = unrein
Koschok (rum.)	Schafpelzmantel
Kotz[e]n (zips.)	aus Fetzenstreifen gewebter Teppich
Kreizfeld	Kreuzfeld
Kriemerl (jidd./zips.)	Krümchen, Krume, Krümel
Kuchl (zips.)	Küche
Kulesch (zips.)	Maisgericht
Kurwe (zips.)	Hure, Dirne
kuscher	*s. koscher*
Kuschma (rum./ukr.)	Filzmantel
Laibl (zips.)	Leibchen, Weste, Bortlaib
Lampel (zips.)	Lämmchen
Legionär	Mitglied der Eisernen Garde, einer faschistischen Organisation Rumäniens vor 1944
Madjarone (zips.)	madjarisierter Deutscher, der sich durch betonten Nationalismus auszeichnet, Renegat
Măi hitleristule, amu te omorîm (rum.)	He, Hitlerist, jetzt bringen wir dich um
maj (zips.)	ach
Mamaliga (rum.)	Maisbrei
Mameloschen (jidd.)	Muttersprache
Magyar nemzeti (ung.)	ungarische Nation, hier: nationalistische Gruppierung
Mans[e]r (zips.)	uneheliches Kind
markiert	hier: gekennzeichnet
Marl (zips.)	Mädchen
Marmarosch (ung.)	Maramuresch, Maramureş
Matschkaraner (zips.)	maskierte Spaßmacher während des Karnevals
Mitzn (zips.)	Mütze
Mizwa, Mizwe (jidd.)	Gebot; hier: (Hochzeits-)Pflichttanz
Munkaszázod (ung.)	Arbeitskompanie
Munkaszolgálat (ung.)	Arbeitsdienst
Nemzetőrség (ung.)	nationale Arbeitspflicht, hier: Zwangsarbeit
Norme (zips.)	Norm, Arbeitsnorm
Nyilasch, Nyilas (ung.)	Pfeilkreuzler, Mitglied einer faschistischen Organisation
oj (jidd.)	ach
Opintsch (rum.)	Bundschuh

Pajes	*s. Peies*
palavert (port./engl.)	lang, sinnlos herumgeredet
patzit (rum.)	hereingefallen
Peies (jidd.)	Schläfenlocken
Peikles	s. *Peies*
Peisl (zips.)	Kneipe
Pinkl (zips.)	Handsack, kleiner Junge
pipi [machen] (Kindersprache)	kleine Notdurft verrichten
Pluserl (zips.)	Bluse
Popik	*s. Klepsch*
Priegelei (zips.)	Rauferei, Schlägerei
Pripitschik (jidd.)	gemauerter Küchenherd
Pub (zips.)	Junge
Pup	*s. Pub*
Puntje (rum.)	Hängebrücke
Purim, Purimfest	Losfest, am 14. Adar [Febr./März] gefeiertes [spät-]jüdisches Volksfest zur Erinnerung an die Errettung der Juden durch Esther
Rack (russ./jidd.)	Krebs (Krankheit)
Render (ung./jidd.)	Beamter
Rongyos gárda (ung.)	ultranationale, chauvinistische Organisation
rumpuckt (zips.)	herumgevögelt
ruptich (rum./zips.)	zerrissen, schäbig
Rußki (russ.)	Russe[n]
Rußnak (zips.)	Ruthene
Rußnatschka (zips.)	Ruthenin
Sabbat	jüdischer Ruhe- und Feiertag; beginnt am Freitagabend mit Lichtanzünden und Arbeitsverbot
Schabbes	*s. Sabbat*
Schadchen (jidd.)	Heiratsvermittler
Scholent (jidd.)	Speise, Suppe
Schterntichl (jidd.)	Kopfbedeckung der Frauen
Schtetl (jidd.)	Judenviertel, -siedlung
Schtreimel (jidd.)	Pelzmütze, die an Festtagen getragen wurde
Schubitze (jidd.)	langer schwarzer Mantel, Kaftan
Schuch (zips.)	Schuh[e]
Spar (zips.)	Sparherd, Küchenherd
spitzig (jidd./zips.)	schlau, klug, gescheit
Ssaal (zips.)	offener Laubengang am Haus

Ssangl (zips.)	Lied
Straml	*s. Schtreimel*
Streimel	*s. Schtreimel*
tábor csendőr (ung.)	Ordnungshüter, Wächter, Lagerwächter
tábori csendőr (ung.)	Gendarm
Tata (zips.)	Vater
Tateleben (jidd.)	Vater
Tawarischka (ukr./zips.)	Gefährtin, Liebchen
Teitsche (zips.)	Deutsche
Tockan (zips.)	Maisgericht
To[c]k[e]n (zips.)	Puppe
Totenschratt (zips.)	nächtlicher Geist
Tschender (ung./zips.)	Gendarm
Tscheterasch (rum./zips.)	Musikant
Tschiebeskappe (zips.)	Schildmütze
Tschillak	*s. Klepsch*
Tűzharcok (ung.)	Schießerei, Feuerwechsel
Vai, ce zid gros. Aşa casă batrînă. Ala este casă de jidan, acolo au stat jidani înainte de război. La Vişeu nu au stat jidani! Aici au fost totdeauna numai români şi cîţiva niemţi! (rum.)	O was für eine dicke Mauer. So ein altes Haus. Das ist ein jüdisches Haus, dort haben vor dem Krieg Juden gewohnt. In Oberwischau haben keine Juden gewohnt! Hier waren immer nur Rumänen und ein paar Deutsche!
varuckt (zips.)	verrückt
Vulkanizare (rum.)	Vulkanisation
Walåch[e]n (zips.)	Rumänen
walåchisch (zips.)	rumänisch
Westl (zips.)	Weste, Jacke
zammtrickt (zips.)	zusammengedrückt
Zwetschkenpali (zips.)	Pflaumenschnaps
Zwiefl(n) (zips.)	Zwiebel

Zeittafel Oberwischau

– In der Maramuresch wie auch in den anderen nordöstlichen Gebieten Ungarns gab es bereits im *13. und 14. Jahrhundert* Siedlungen mit jüdischen Einwohnern.

– Im „Maramurescher Diplom vom *2. Februar 1365*" werden, unter der Bezeichnung „Ket Wyssou", zum ersten Mal die beiden Ortschaften Oberwischau und Unterwischau urkundlich erwähnt.

– Der erste namentlich bekannte Jude, der sich in Oberwischau niederließ, wanderte *1740* aus Nikolsburg in Mähren (heute Mikulov) ein; es war der weise Rabi Schmuel Fruchter.

– *1735 und 1746*, als die ungarischen Behörden im Wischauer Gebiet eine Volkszählung durchführten, wurden in den Dörfern Oberwischau, Mittelwischau, Unterwischau, Rußkowa und Reußenau auch einige jüdische Familien verzeichnet.

– *1776* wanderten sieben Holzarbeiter aus Deutsch-Mokra (Slowakei) ins Wassertal ein; sie gründeten das spätere Stadtviertel „Deutsche Reih'" (St. Johannisgasse, Große Gasse, Brückegasse).

– *1778–1812* wanderten mehrere Gruppen deutscher Holzfäller und Handwerker aus Gmunden, Bad Ischl und Ebensee (Österreich) sowie aus verschiedenen Ortschaften der Unterzips (Slowakei) ein; es entstanden die Siedlung „Zipserreih'", heute ein Stadtviertel Oberwischaus, und etwa zwanzig Weiler auf den umliegenden Bergen im Wassertal. Nach den Einwanderern aus der Unterzips nannte man später sämtliche deutsche Siedler „Zipser Sachsen".

– *1780–1784* wurde im Wassertal, oberhalb von Makerlau, der erste Staudamm gebaut; 1790 errichteten deutsche und italienische Bauleute die Talsperre bei Feinen. Die Durchführung dieser beiden bedeutenden Projekte leitete die Holzausbeutung in dieser waldreichen Gegend ein, wobei auf dem Wasserfluß auch geflößt wurde.

– *1804–1806* bauten die römisch-katholischen Deutschen „Am Platzl" eine Kirche.

– Zwischen *1840–1849* kamen zahlreiche jüdische Einwanderer – Handwerker, Kaufleute, Landwirte – aus Galizien und der Bukowina nach Oberwischau; darunter waren die Familien Steingießer, Silberherz, Wolfleib, Vogel, Sternheld, Lehner, Hager, Lebewicz, Goldstein u.a. Sie gründeten die sogenannte „Judengasse" („Jiddngass"), die Hauptstraße des späteren Schtetls.

– *In derselben Zeitspanne* ließen sich auch viele jüdische Familien in den Dörfern der Umgebung, Pfefferfeld, Borscha, Mosesdorf, Rußkowa, Bystra, Leordinen, Rosalien, Joodt, Konyhau, Kleinbotschko, Petermannsdorf, Reußenau, Săcel und Săliştea de Sus nieder.

– Um die Gründung der Oberwischauer jüdischen Gemeinde mit allen ihren Einrichtungen haben sich besonders die Kaufleute Abraham Gottlieb, Jehuda Rieth und Saul Leb Pollak verdient gemacht. Der erste Rabiner war Samuel Günsler *(1835–1911)*, ein bedeutender Talmud-Gelehrter seiner Zeit.

– Ab *1859* wurden in Oberwischau vier Synagogen errichtet; die größte entstand „Am Platzl", Anfang Borschagasse. Dieses beeindruckende Bauwerk wurde 110 Jahre später eines der ersten Opfer der sogenannten „Systematisierung der Ortschaften", die zu Beginn der 70er Jahre einsetzte. An ihrer Stelle steht heute ein Wohnblock.

– *1873* brach in Oberwischau zum letztenmal eine Cholera-Epidemie aus, die über dreihundert Menschenleben – Juden, Deutsche, Rumänen, Ruthenen – forderte.

– In den *siebziger Jahren* des vorigen Jahrhunderts besuchten ca. 600 Kinder die jüdische Schule, die sich neben der Großen Synagoge befand.

– *1910* war die Maramuresch, laut Statistik, das bedeutendste jüdische Siedlungsgebiet Nordungarns. Die 66 000 jüdischen Einwohner stellten 18 % der Gesamtbevölkerung – im Kreis Wischau sogar 25 %, in der Stadt Sigeth 37 % – dar.

– In jenem Jahr, *1910*, lebten in den zehn Gemeinden des Kreises Wischau 19 863 Rumänen, 13 276 Deutsche (hauptsächlich Zipser Sachsen), 11 050 Juden, 9 148 Ruthenen und 1 815 Ungarn. Im Marktflecken Oberwischau und in den dazugehörenden Weilern und Holzfällersiedlungen wurden 5 268 deutsche und 5 120 jüdische Einwohner gezählt.

– *1910* lebten die 900 jüdischen Familien Oberwischaus hauptsächlich in der Gegend um die „Judngass", dem Schtetl – „Berggass", „Marmaroscher Gass", „Borschagass", „Schmale Gass", „Kleine Gass", „Bachgass", „Herrngass" – und in einigen Straßen der „Zipserreih'" – „Grådi Gåssn", „Schulgåssn", Hintrigi Gåssn", „Gräntje", „Mittelgåssn", „Weidngåssn", „Flußgåssn", „Am Pergl".

– Die meisten Deutschen waren Holzfäller und Flößer, die meisten Juden waren Handwerker und Kaufleute. Sowohl deutsche als auch jüdische Arbeiter waren in den Sägewerken Alexander

Elephant (150 Angestellte), Lazar Fruchter (60 Angestellte) sowie in den Mühlen Josef Steinmetz, Michael Kratz (je 80 Angestellte) und Wolf Leb (70 Angestellte) beschäftigt. Gewisse Handwerke, wie Schneider, Schuster, Bäcker, Fleischer, wurden nur von Juden ausgeübt, während andere, Baumeister, Schreiner, Tischler, Maurer, Dachdecker, „typisch deutsch" waren.

– Außer den erwähnten Sägewerk- und Mühlenbesitzern gab es noch eine Reihe anderer Familien, die im Wirtschaftsleben des Marktfleckens und in der Leitung der jüdischen Gemeinde eine Rolle spielten: Silberherz, Tessler, Illowicz, Brettler, Kahn, Flügelmann, Korn, Marmor, Fischler, Grünbaum, Weinberger, Wiesel, Stein, Mailich, Weiss, Pollak, Horowitz, Vogel.

– Von den Oberwischauer Juden, die als Soldaten in der österreichisch-ungarischen Armee dienten, fielen sechzehn im *Ersten Weltkrieg.*

– Gleichzeitig mit Siebenbürgen wurde *1918* auch die Maramuresch mit Rumänien, der Moldau und der Walachei vereinigt.

– Ab *1935* erschien in Oberwischau eine jiddische Zeitung: „Kolenu – Unsere Schtime".

– Nach dem „Wiener Schiedsspruch" vom *30. August 1940* kam die Maramuresch, zusammen mit Nordsiebenbürgen, an Horthy-Ungarn.

– Zwischen *1942–1944* wurden aus Nordsiebenbürgen und der Maramuresch 14 881 Juden in Arbeitslager und 151 180 in Vernichtungslager, hauptsächlich nach Auschwitz, deportiert; über 130 000 Juden, die aus diesen Gebieten stammten, überlebten den Holocaust nicht.

– In der Zeitspanne *vom 16. bis zum 30 April 1944* wurde in Oberwischau ein Ghetto errichtet, das die „Judngass" und einige Seitengassen umfaßte. Auf diesem engen Raum wurden nicht nur die jüdischen Einwohner Oberwischaus, sondern auch die aus anderen Gemeinden zusammengepfercht: zeitweilig waren das 13 000 bis 17 000 Menschen.

– Aus dem Ghetto begann die Deportation der Wischauer Juden über die Sammelstelle Kaschau nach Auschwitz-Birkenau; das geschah in drei Etappen: am *19. Mai 1944* 3 032 Menschen, am *21. Mai* 3 028 Menschen, am *25. Mai* 3 006 Menschen.

– Nach dem Einmarsch der Sowjettruppen wurde in Rumänien der *23. August 1944* zum „Tag der Befreiung vom faschistischen Joch" erklärt.

– Auf Befehl des Ortskommandos der Wehrmacht mußte die deutsche Bevölkerung aus Oberwischau und Pfefferfeld – zusammen über 7 000 Einwohner – am *10. Oktober 1944* vor den heranrückenden Sowjettruppen ihre Siedlungen räumen. Der tragische Fluchtweg dieser Deutschen führte über die Karpatenukraine nach Schlesien und Mitteldeutschland. Von dort wurden sie von der sowjetischen Militärverwaltung in ihre Stammgebiete zurückgeschickt.

– Nach der Rückkehr wurden alle deutschen Männer und Frauen aus Oberwischau und anderen Maramurescher Ortschaften von Angehörigen der wiedereingeführten rumänischen Polizei ausgehoben und zur Sammelstelle nach Sigeth geschafft. Alle, die „arbeitsfähig" waren, im allgemeinen jene zwischen 16 und 40 Jahren, kamen zur „Aufbauarbeit" in die Sowjetunion. Von dieser Verschleppung kehrten nur etwa zwei Drittel nach einigen Jahren wieder zurück.

– Im Sommer und Herbst *1945* traf ein kleiner Teil der Wischauer Juden im Wassertal ein. Von den über 9 000 Juden, die im Mai 1944 deportiert worden sind, hatten nur etwa 700 den Holocaust überlebt. 33 987 Maramurescher Juden – 26 151 Dorf- und 7 836 Stadtbewohner – waren in Auschwitz ermordet worden.

– Nach *1948* begann die Auswanderung der letzten Wischauer Juden nach Israel.

– *1949* wurde an der Oberwischauer Allgemeinschule wieder der Unterricht in deutscher Sprache eingeführt.

– *1970* gab es, laut einer kirchlichen Statistik, in der Stadt Oberwischau 8 000 rumänische, 4 000 deutsche, 2 000 ruthenische (ukrainische) und 100 jüdische Einwohner.

– *1989* hatte Oberwischau 21 000 Einwohner – Rumänen, Deutsche, Ruthenen (Ukrainer), Ungarn, Zigeuner und vier Juden: Moses Pollak (Schneider), Andrasch Glück (Beamter), Mosche Friedmann (Schafhirte) und seine Gefährtin Baila Rosenberg (Hausfrau).

Geographische Bezeichnungen

(Abkürzungen: Gew. – Gewässer; Landsch. – Landschaft; ON – Ortsname, Ortschaft)

Bánya (ON)	Nagybánya, Baia Mare, Neustadt
Borscha (ON)	Borşa
Bukowina, auch: Buchenland (Landsch.)	Bucovina
Bystra (ON)	Bistra
Ditró, Dittersdorf (ON)	Ditrău
Feinen (ON)	Faina
Gilwatsch (ON)	Ghilvaci
Großkarol (ON)	Carei
Isa (Gew.)	Iza
Isatal (Landsch.)	Valea Izei
Joodt (ON)	Ieud
Kleinbotschko (ON)	Bocicoiu Mic
Konyhau (ON)	Cuhea
Leordinen (ON)	Leordina
Makerlau (ON)	Măcărlău
Maramuresch, auch: Marmatien (Landsch.)	Maramureş
Marmarosch	*s. Maramuresch*
Mittelwischau (ON)	Vişeu de Mijloc
Mosesdorf (ON)	Moiseiu
Mozsesfalva, auch: Mojszin	*s. Mosesdorf*
Naßod (ON)	Năsăud
Neidorf, Neudorf (ON)	Oraşu Nou
Neistadt, Neustadt (ON)	Baia Mare
Neuwetz (ON)	Novăţi
Nordsiebenbürgen (Landsch.)	Ardealul de Nord
Oberwischau (ON)	Vişeu de Sus
Petermannsdorf (ON)	Şieu
Pfefferfeld (ON)	Baia Borşa

Reußenau (ON)	Poienile de sub Munte
Rosalien (ON)	Rozavlea
Russenau	*s. Reußenau*
Rußkowa (ON)	Ruscova
Sathmar (ON)	Satu Mare
Schradenthal (ON)	Valea Scradei
Siebenbürgen, auch: Transsylvanien (Landsch.)	Transilvania, Ardeal
Toplitz (ON)	Toplița
Unterwischau (ON)	Vişeu de Jos
Wasserfluß (Gew.)	Vasărul
Wassertal (Landsch.)	Valea Vasărului
Wischau (Gew.)	Vişeul
Wischautal (Landsch.)	Valea Vişeului

Quellen- und Literaturhinweise

Péter Ujvári, Zsidó Lexikon. Zsidó Lexikon Kiadása: Budapest, 1929, S. 135–136, 272, 573–574.

Peter Heinz Seraphim, Das Judentum im osteuropäischen Raum. Essener Verlagsanstalt: Essen, 1938, S. 18, 311–312.

Jenő Lévai, Eichmann en Hongrie. Documents. Pannonia: Budapest, 1961.

Randolph I. Braham, Hungarian-Jewish Studies. World Federation of Hungarian Jews: New York, 1966, Bd. I, S. 181–183.

Claus Stephani, Oben im Wassertal. Eine Zipser Chronik. Kriterion: Bukarest, 1970, S. 83–85, 89–93.

Pinkas Hakehillot, Encyclopaedia of Jewish Communities. Rumania. Bd. II. Yad Vashem: Jerusalem, 1980, S. 134–138

Gheorghe I. Bodea; Vasile T. Suciu, Moisei. Vatra: Tîrgu Mureş, 1982, S. 180–183, 186.

Claus Stephani, Schmerz bis in den Tod. Ein Lebensbericht (von *Baila Rosenberg*, Oberwischau). In: *Neue Literatur* (Bukarest), 35/7, 1984, S. 43–47.

Remember, 40 de ani de la masacrarea evreilor din Ardealul de Nord sub ocupaţia horthystă. Federaţia Comunităţilor Evreieşti din Republica Socialistă România. Secţia de documentare: Bucureşti, 1985, S. 59–60, 62, 67, 69.

Oliver Lustig, KZ-Wörterbuch. Kriterion: Bukarest, 1987.

Claus Stephani, Insemnări despre evreii din Vişeu. In: *Revista cultului mozaic* (Bukarest), 34/673, 15. 7. 1989, S. 5.

Ders., Der Frieden, wu ist der blieben? Auszüge aus einem Gespräch (mit Moses Pollak in Oberwischau). In: *Neue Literatur* (Bukarest), 40/8, 1989, S. 67–71.

Ders., Ich hab gegessen das Brot von ihrem Vater. Gespräche, Erinnerungen (an die Oberwischauer Juden). In: *Neue Literatur* (Bukarest), 40/9, 1989, S. 11–20.